KB274181

日本人のための
実用韓国語会話

外國語學普及會 編著

文藝林

日本人のための 実用**韓国語会話**

초판 인쇄 2005년 1월 5일 / 초판 발행 2005년 1월 10일
저자 외국어학보급회 / 발행인 서덕일
발행처 도서출판 문예림
출판등록 1962년 7월 12일 제 2-110호
주소 : 서울 광진구 군자동 195-21호 문예B/D 201호
전화 : 02-499-1281~2 / 팩스 : 02-499-1283
http://www.bookmoon.co.kr / E-mail : my1281@lycos.co.kr

· 잘못된 책은 구입하신 서점에서 교환하여 드립니다.

ISBN 89-7482-261-X (13710)

は し が き

　韓日の国交回復以来，　両国の関係は日増しに相寄って参りました．最も近い隣り合せの国として当然の結果といえましよう．旅行者の徃き来もひんぱんになり，　年毎に韓国を訪れる日本人の数も増す一方です．　そして，両国の人たちが接し合う時，必要なのが"ことば"であることも間違いのないことでしよう．

　もちろん，ことば以上に，心が通じ合えば表情や，身振り，手まねで親しい友情を分つこともできなくはありません．しかし片言なりとも韓国の言葉をしやべることによって，親密感はより一層高まり，理解を早め，友好の度合を深めることになりましよう．

　この本は，韓国を初めて訪れる読者を相手に，基礎会話や旅行用語，観光をするに際し心得えるべき会話などを骨組みとしごく平易なことばの手引きとして編集したものです．発音については本来"ハングル"字で表現するほうが正確なのですが，はじめて韓国語に接する方が取り組みやすいように，敢えてローマ字とかなを用いました．ここに用いた"かな"はあくまで"発音"のための記号であることを念頭に置いてお読みいただきたいと思います．従って，本書をお読みになる前に，発音についての約束を記した解説頁をよくご理解願いたい旨，併せてお記し致します．

外国語学普及会

─目　　次─

Ⅲ． 基本会話編

Ⅳ． 日常会話編

V. 観　光　編

Ⅵ.　附　　　録

한 글(ハングル)

母	ㅏ a	ㅑ ya	ㅓ eo	ㅕ yeo	ㅗ o	ㅛ yo	ㅜ u	ㅠ yu	ㅡ eu	ㅣ i
	아	야	어	여	오	요	우	유	으	이
音	ㅐ ae	ㅒ yae	ㅔ e	ㅖ ye	ㅘ wa	ㅙ wae	ㅚ oi	ㅝ weo	ㅞ we	ㅟ wi	ㅢ eui
	애	얘	에	예	와	왜	외	워	웨	위	의

子	ㄱ 기역—그 gieog g	ㄴ 니은—느 nieun n	ㄷ 디귿—드 digeud d
	ㄹ 리을—르 rieul r(l)	ㅁ 미음—므 mieum m	ㅂ 비읍—브 bieub b
	ㅅ 시옷—스 sios s	ㅇ 이응—응 ieung ng	ㅈ 지읒—즈 jieuj j
	ㅊ 치읓—츠 chieuch ch	ㅋ 키읔—크 kieuk k	ㅌ 티읕—트 tieut t
	ㅍ 피읖—프 pieup p	ㅎ 히읗—흐 hieuh h	

音	ㄲ 쌍기역—끄 ssanggieog gg	ㄸ 쌍디귿—뜨 ssangdigeud dd
	ㅃ 쌍비읍—쁘 ssangbieub bb	ㅆ 쌍시옷—쓰 ssangsios ss
	ㅉ 쌍지읒—쯔 ssangjieuj jj	

	ㅏ a	ㅑ ya	ㅓ eo	ㅕ yeo	ㅗ o
ㄱ g	가 ga	갸 gya	거 geo	겨 gyeo	고 go
ㄴ n	나 na	냐 nya	너 neo	녀 nyeo	노 no
ㄷ d	다 da	댜 dya	더 deo	뎌 dyeo	도 do
ㄹ r(l)	라 ra	랴 rya	러 reo	려 ryeo	로 ro
ㅁ m	마 ma	먀 mya	머 meo	며 myeo	모 mo
ㅂ b	바 ba	뱌 bya	버 beo	벼 byeo	보 bo
ㅅ s	사 sa	샤 sya	서 seo	셔 syeo	소 so
ㅇ o	아 a	야 ya	어 eo	여 yeo	오 o
ㅈ j	자 ja	쟈 jya	저 jeo	져 jyeo	조 jo
ㅊ ch	차 cha	챠 chya	처 cheo	쳐 chyeo	초 cho
ㅋ k	카 ka	캬 kya	커 keo	켜 kyeo	코 ko
ㅌ t	타 ta	탸 tya	터 teo	텨 tyeo	토 to
ㅍ p	파 pa	퍄 pya	퍼 peo	펴 pyeo	포 po
ㅎ h	하 ha	햐 hya	허 heo	혀 hyeo	호 ho

(反切本文)

요 yo	ㅜ u	ㅠ yu	ㅡ eu	ㅣ i
교 gyo	구 gu	규 gyu	그 geu	기 gi
뇨 nyo	누 nu	뉴 nyu	느 neu	니 ni
됴 dyo	두 du	듀 dyu	드 deu	디 di
료 ryo	루 ru	류 ryu	르 reu	리 ri
묘 myo	무 mu	뮤 myu	므 meu	미 mi
뵤 byo	부 bu	뷰 byu	브 beu	비 bi
쇼 syo	수 su	슈 syu	스 seu	시 si
요 yo	우 u	유 yu	으 eu	이 i
죠 jyo	주 ju	쥬 jyu	즈 jeu	지 ji
쵸 chyo	추 chu	츄 chyu	츠 cheu	치 chi
쿄 kyo	쿠 ku	큐 kyu	크 keu	키 ki
툐 tyo	투 tu	튜 tyu	트 teu	티 ti
표 pyo	푸 pu	퓨 pyu	프 peu	피 pi
효 hyo	후 hu	휴 hyu	흐 heu	히 hi

I

予 備 編

仁政殿（昌徳宮）

予　備　編

1.　韓国語はどんな言語か？

　韓国語は日本語と同じくアジア北方諸語系統の言葉である．その文法的構造が似ているだけでなく，漢字とかなを混ぜて書くという点，かなが発音記号の役割まで兼ねているという点も同じである．したがって韓国語学習者は，まず日本語のかなにあたる韓国の文字と，その発音をおぼえなければならない．次のような特徴をもっています．

　Ⅰ）音韻　　　日本語は，ほとんどの音節が母音で終るので，開音節的言語といわれるのに対して韓国語は音節閉鎖が多い，また頭子音（語のはじめの子音）に濁音やｒ音が出ないのもその大きな特徴である．

　Ⅱ）語序　　　単語を並べる順序は，他に見られないほど日本語と似ている．次のようにだいたい同じ機能をもつ語が同じ順序で並ぶのである．

南山―은 어떻―게 올라가―는 것―이　좋습―니까？
南山―は　どう　登　　るの―が　いいでしようか？

　Ⅲ）こう着性　　　ヨーロッパ語では前置詞に相当するものが体言の後に助詞として，また用言の語幹に語尾などがこう着することは，日本語と同じてある．

　　Ⅳ）冠詞・性がない　　　　英語の the や a のような冠詞や性によって語形が変化することのないことも日本語と同じである．

　　Ⅴ）対人等級の語法　　　　今日の日本語では「です，ます」と「た，ある」体のことばがあって人称代名詞と対応しているが，現代韓国語には三種類の等級の語法がある．

2.　韓国語を書く文字（ハングル字母）

　韓国の文字は1443年，李氏朝鮮第4代世宗大王によって創造されたもので，한글〔hangeul〕と呼ばれ，　子音と母音とを組み合わせて字を形成させる組織的なしくみになっている．母音字や子音字が，それぞれ独立している日本式とは異なるが，子音字と母音字と組み合わせた結果が一字で一音節になるのは似ている．

　日本の五十音図に相当するものを反切本文（반절본문＝Banjeol Bonmun）といい，この反切本文には，韓国語の基本子音14と，　基本母音10との組み合わせによる140個の基本文字がある．

子音 母音	ㄱ g	ㄴ n	ㄷ d	ㄹ r	ㅁ m	ㅂ b	ㅅ s	ㅇ ng	ㅈ j	ㅊ ch	ㅋ k	ㅌ t	ㅍ p	ㅎ h
ㅏ a	가 ga	나 na	다 da	라 ra	마 ma	바 ba	사 sa	아 a	자 ja	차 cha	카 ka	타 ta	파 pa	하 ha
ㅑ ya	갸 gya	냐 nya	댜 dya	랴 rya	먀 mya	뱌 bya	샤 sya	야 ya	쟈 jya	챠 chya	캬 kya	탸 tya	퍄 pya	햐 hya
ㅓ eo	거 geo	너 neo	더 deo	러 reo	머 meo	버 beo	서 seo	어 eo	저 jeo	처 cheo	커 keo	터 teo	퍼 peo	허 heo
ㅕ yeo	겨 gyeo	녀 nyeo	뎌 dyeo	려 ryeo	며 myeo	벼 byeo	셔 syeo	여 yeo	져 jyeo	쳐 chyeo	켜 kyeo	텨 tyeo	펴 pyeo	혀 hyeo
ㅗ o	고 go	노 no	도 do	로 ro	모 mo	보 bo	소 so	오 o	조 jo	초 cho	코 ko	토 to	포 po	호 ho
ㅛ yo	교 gyo	뇨 nyo	됴 dyo	료 ryo	묘 myo	뵤 byo	쇼 syo	요 yo	죠 jyo	쵸 chyo	쿄 kyo	툐 tyo	표 pyo	효 hyo
ㅜ u	구 gu	누 nu	두 du	루 ru	무 mu	부 bu	수 su	우 u	주 ju	추 chu	쿠 ku	투 tu	푸 pu	후 hu
ㅠ yu	규 gyu	뉴 nyu	듀 dyu	류 ryu	뮤 myu	뷰 byu	슈 syu	유 yu	쥬 jyu	츄 chyu	큐 kyu	튜 tyu	퓨 pyu	휴 hyu
ㅡ eu	그 geu	느 neu	드 deu	르 reu	므 meu	브 beu	스 seu	으 eu	즈 jeu	츠 cheu	크 keu	트 teu	프 peu	흐 heu
ㅣ i	기 gi	니 ni	디 di	리 ri	미 mi	비 bi	시 si	이 i	지 ji	치 chi	키 ki	티 ti	피 pi	히 hi

3. 韓国語の発音

Ⅰ) 子音の発音

ㄱ：日本語のカ行と同じだが，ある状況の下では同じ字
　　形のまま濁音となり，ガに変わる。〔g〕

ㄴ：日本語のナ行と同じ．〔n〕

ㄷ：日本語のタ行と同じてあるが，ある状況の下で濁音
　　となり，日本のダ行発音とほとんど同じである．〔d〕

ㄹ：日本語のラ行と同じだが，終声の場合は舌側音にな
　　る．〔r〕，舌側音の場合．〔l〕

ㅁ：日本語のマ行と同じである．〔m〕

ㅂ：これは日本語にはない音で，　英語の〔p〕をアスピレ
　　ート（激音化）させずに発音した音である．ある状況の
　　下では同じ字形のまま，日本語のバ行にほとんど同じ
　　濁音になる．〔b〕

ㅅ：日本語のサ行に近いが，終声の場合には摩擦音でな
　　くㄷ．〔d〕と同じくなる．〔s〕

ㅇ：これは子音のない状態を示す．終声の場合はン〔ng〕
　　である．

ㅈ：これは，日本語のチャ音とほとんど同じである．あ
　　る状況下で濁音となり，ジャ音にほとんど同じにな
　　る．〔j〕

ㅊ：これは，ㅈの激音化したものであり，激音化とは〔h〕
　　音のように息をやや激しく吐き出しながら発音するこ
　　とをいい，アスピレートさせるともいう．〔ch〕

ㅋ：ㄱの激音化したもので，英語のkとほとんど同じで
　　ある．〔k〕

ㅌ：ㄷを激音化したもので，英語のtとほとんど同じで
　　ある．〔t〕

ㅍ：ㅂを激音化したもので，　英語のp音とほとんど同じ

である．〔p〕

ㅎ：日本語のハ行に近い．〔h〕

Ⅱ）母音の発音

ㅏ：日本語のアと同じである．〔a〕

ㅑ：ㅏの前に半母音 y がそえられたもので，日本語のヤと同じである．〔ya〕

ㅓ：この音は日本語にはない．「ア」と「オ」の間にある安定した中間音である．〔eo〕

ㅕ：ㅓの前に半母音 y がそえられたものである．〔yeo〕

ㅗ：日本語のオと同じである．〔o〕

ㅛ：ㅗ前に半母音 y がそえられたもので，日本語のヨと同じである．〔yo〕

ㅜ：日本語のウと同じである．〔u〕

ㅠ：ㅜの拗音化したもので，日本語のユと同じである．〔yu〕

ㅡ：この音も日本語にはない．唇に全く力を入れずに口をほんの少しあけて，舌を「ウ」の位置におき，声帯を振動させればこの音が出る．〔eu〕

ㅣ：日本語のイと同じである．〔i〕

Ⅲ）終声子音の発音

韓国語では子音と母音の結合にさらにもう一つの子音を添えて一つの単独発音にすることができる．これは日本語にはない発音のしかたである．このように，後に添

える子音を〈받침＝Badchim〉あるいは「終声」といそ．う
の子音でその文字の発音が終るからである．これと反対
に母音の前で結合する子音を初声という．「돋」という場
合に“ㄷ”は初声であり“ㄴ”は終声になるわけである．従
ってその中間に位置する“ㅗ”は中声といわれる．

　ほとんどすべての子音の字が，「받침」になりうるけれ
ども，各種「받침」の実際の発音は，次の三系統七種類で
あり，そのほかに特殊子音「ㅎ」がある．

A. 鼻音系받침 ㄴ，ㅁ，ㅇ

ㄴ：は日本語で，カンニン，ニンジンといった場合のン
　にあたる．〔n〕

ㅁ：は日本語で，サンポ，ケンメイと言った場合のンに
　当る．〔m〕

ㅇ：は日本語で，ベンキョウ，リンゴと言った場合のン
　に当る．〔ng〕

B. 促音系받침 ㄱ，ㅂ，ㅅ

ㄱ：は日本語でのハッキリ，シッカリと言った場合のッ
　に当る．〔g〕（〈ㅋ〉が終声になった時も上の「ㄱ」の終声
　と同じ発音になるがもしもこの後に母音が後続すれば
　本来の破裂音の性質が表われてくる〔k〕）

ㅂ：は日本語で，ヤッパリ，ハッピョウと言った場合の
　ッに当る．〔b〕（〈ㅍ〉が終声になった時も「ㅂ」の終声と
　同じ発音になるがもしもこの後に母音が後続すれば，
　本来の破裂音性質が表われてくる〔p〕）

ㅅ：は日本語でウットリ，ネッシンといった場合のッに

当る．〔s〕(〈ㄷ, ㅈ, ㅊ〉などが終声になった時も，「ㅅ」の終声と同じ発音になる．ただし，この場合にも，これらの子音の本質は潜存しているので，もしも，この後に同一単語内，または文法的に従属した単語の母音が後続すれば，各子音の音価がすべてあらわれてくる．〔d, j, ch〕)

C. 舌側音系받침 ㄹ

ㄹ：この받침の発音は日本語にはなく，英語のl で終わる単語の発音に似ている．〔l〕

D. 特殊子音 ㅎ

ㅎ：が終声子音になることがある．これは，それ自体では発音されることがなく，後続するㅇ行音，あるいはㄱ, ㄷ, ㅂ, ㅈ音を激音化させるはたらきをする．また ㅅ行音が後続すればこれを濃音化させる．

Ⅳ）濃音（子音）の発音

第 2 課の反切本文で14個の基本子音を習つたが，韓国語にはこのほかに，濃音系の子音が五つある．この音は同系の激音を出す時と同じく発音器官を緊張させてからぜんぜんアスピレートさせずに息をつめて出す音である．かな記号はゴジックて示す．

ㄲ：シッカリ，ホッカイドウといつた場合の「カ」は，濃音の「까」になっている．〔gg〕

ㄸ：ハンタイ，キットといった場合のタやトの子音は，濃音「따」になっている．〔dd〕

ㅃ：これは，日本語のパ行に当たる．日本語でイッパイというときのぴである．〔bb〕

ㅆ：アッサリ，イッソクといった場合の「サ」や「ソ」の子音は軽い濃音になっている．〔ss〕

ㅉ：ボッチャン，イッチョーといった場合のチの子音は軽い濃音になっている．〔jj〕

Ⅴ）その他の母音（複合母音）

韓国語には，10個の基本母音があるが，それ以外にも母音が多い．順をおって説明すると次のとおりである．

ㅐ：この発音も日本語にはない．〔ae〕

ㅒ：ㅐに半母音が密着して先行したものである．〔yae〕

ㅔ：日本語のエに当る．〔e〕

ㅖ：ㅔに半母音が密着して先行したものでかなではイェと書ける．〔ye〕

ㅘ：日本語のワと同じである．〔wa〕

ㅙ：日本語にはない発音で，ㅐの前に半母音をかぶせたものである．〔wae〕

ㅚ：日本語にも英語にもない母音で，ドイツ語のöに似ている．〔oi〕

ㅝ：日本語にはない発音で，ㅓの前に半母音を冠せたものである．〔weo〕

ㅞ：日本語にはない発音で，ㅔの前に半母音を冠せたものである．〔we〕

ㅟ：かなではウィであらわされる．〔wi〕

ㅓ：これは日本語や英語にない音で，ー と ㅣ から成る
韓国唯一の二重母音といえる．〔eui〕

Ⅵ）濁　　音

　韓国語で語頭に濁音が立つことは皆無であるが，가行
다行，바行，자行の子音は語中では次のような場合に濁
音化する．
　1）有声子音（ㄴ，ㅁ，ㅇ）と母音との間にはさまれた
　　場合．
　2）母音と母音にはさまれた場合．
　3）先行字の末音が，　ㄹ받침のときには後続音が가行
　　か바行である場合（다行，사行，　자行であれば濃音
　　化するのが普通である）．

II

其礎単語編

海印寺

基 礎 単 語 編

1. 基　数		1. 기　수	
一	二	하나(일) hana (il) ハナ(イル)	둘(이) dul (i) トゥル(イー)
三	四	셋(삼) ses (sam) セッ(サム)	넷(사) nes (sa) ネッ(サー)
五	六	다섯(오) daseos (o) タソッ(オー)	여섯(육) yeoseos (yug) ヨソッ(ユック)
七	八	일곱(칠) ilgob (chil) イルコップ(チル)	여덟(팔) yeodeol (pal) ヨドル(パル)
九	十	아홉(구) ahob (gu) アホップ(ク)	열(십) yeol (sib) ヨル(シッブ)
十一	十二	열 하나(십일) yeol hana (sibil) ヨルハナ(シッピル)	열 둘(십이) yeol dul (sibi) ヨルトゥル(シッピ)
十五	二十	열 다섯(십오) yeol daseos (sibo) ヨルタソッ(シッポオー)	스물(이십) seumul (isib) スムル(イシッブ)
三十	四十	서른(삼십) seoreun (samsib) ソルン(サムシッブ)	마흔(사십) maheun (sasib) マフン(サシッブ)
五十	六十	쉰(오십) swin (osib) スウィン(オシッブ)	예순(육십) yesun (yugsib) イェスゥン(ユクシッブ)

七十	八十	일흔(칠십) ilheun (chilsib イㇽフン（チㇽシ ㇷㇷ）	여든(팔십) yeodeun(palsib ヨドン（パㇽシッㇷ）
九十	九九	아흔(구십) aheun (gusib アフン（クシッㇷ）	아흔 아홉(구십 구) aheun ahob (gusib gu アフンアホッㇷ（クシッㇷク）
百	千	백 baeg ベッㇰ	천 cheon チォン
万	十万	만 man マン	십만 sibman シッㇷマン
百万	千万	백만 baegman ベッㇰマン	천만 cheonman チォンマン
億	兆	억 eog オッㇰ	조 jo チョ
京		경 gyeong キョン	

2. 序　　数　　　2. 서　　　수

第　一	第　二	첫째 (제일) cheosjjae (jeil チォッチェ（チェイㇽ）	둘째 (제이) duljjae (jei トゥㇽチェ（チェイ）
第　三	第　四	세째 (제삼) sejjae (jesam セッチェ（チェサㇺ）	네째 (제사) nejjae (jesa ネッチェ（チェサ）
第　五	第　六	다섯째 (제오) daseosjjae (jeo タソッチェ（チェオ）	여섯째 (제육) yeoseosjjae (jeryug ヨソッチェ（チェユㇰ）
第　七	第　八	일곱째 (제칠) ilgobjjae (jechil イㇽコッㇷチェ（チェチㇽ）	여덟째 (제팔) yeodeoljjae (jepal ヨドㇽチェ（チェパㇽ）

第　九	第　十	아홉째 (제구) 열　째 (제십) ahobjjae (jegu) yeoljjae (jesib) アホッッ**チ**（チェク） ヨ**ル****チ**ェ（チェシッッ）
第十一	第二十	열한째 (제십일)스무째 (제이십) yeolhanjjae (jesibil) seumujjae (jeisib) ヨ**ル**ハン**チ**（チェシッ ブイ**ル**）スム**チ**ェ（チェイシ ッブ）
第二十一	第三十	스물한째 (제이십일)서른째 (제삼십) seumulhanjjae (jeisibil) seoreunjjae (jesamsib) スム**ル**ハン**チ**ェ（チェイシ ッブイ**ル**）ソル**ンチ**ェ（チェサ ▲ シッブ）
第四十	第五十	마흔째 (제사십)쉰　째 (제오십) maheunjjae (jesasib) swinjjae (jeosib) マフン**チ**ェ（チェサシ ッブ）ス**ゥ**ィン**チ**ェ（チェオシ ッブ）
第六十	第七十	예순째 (제육십)일흔째 (제칠십) yesunjjae (jeyugsib) ilheunjjae (jechilsib) イェス**ゥ**ン**チ**ェ（チェユッ゜シッブ）イ**ル**フン**チ**ェ（チェ**チ****ル**シッブ）
第八十	第九十	여든째 (제팔십)아흔째 (제구십) yeodeunjjae (jepalsib) aheunjjae (jegusib) ヨド゜ン**チ**ェ（チェパ**ル**シッブ）アフン**チ**ェ（チェクシ ッブ）
第百		백째 (제일백) baegjjae (jeilbaeg) ベッ゜**チ**ェ（チェイ**ル**ベッ゜゜）

3.　数　　量 | **3.　수　　량**

| 二分の一 | 三分の一 | 2분의 1(1/2) 3분의 1(1/3)
ibuneui il sambuneui il
イブンエイ**ル** サ▲ブンエイ**ル** |
| 三分の二 | 四分の三 | 3분의 2(2/3) 4분의 3(3/4)
sambuneui i sabuneui sam
サ▲ブンエイ サブンエサ▲ |

五分の四	0.5	5분의 4(4/5) obuneui sa オブッエ サ	0점 5(0.5) yeongjeoni o ヨングチォㇺオ
1.32	一個	1점32(1.32) iljeom sami イㇽチォㇺサㇺイ	한개 hangae ハンケ
メートル	キロメ ートル	미터(m) miteo ミト	킬로 미터(km) kilo miteo キㇽロミト
グラム	キログ ラム	그람(g) geuram グラㇺ	킬로 그람(kg) kilro geuram キㇽログラㇺ
ダース	半分	타 ta タ	반 ban バン
一部	全部	일부 ilbu イㇽブ	전부 jeonbu チォンブ

4. 日・月・年   4. 날・달・해

日	一日	날 nal ナㇽ	초하루(일일) choharu (ilil) チョハル(イリㇽ)
二日	三日	초이틀(이일) choiteul (ill) チョイトㇽ(イイㇽ)	초사흘(삼일) chosaheul (samil) チョサフㇽ(サミㇽ)
四日	五日	초나흘(사일) chonaheul (sail) チョナフㇽ(サイㇽ)	초닷새(오일) chodassae (oil) チョタッセ(オイㇽ)
六日	七日	초엿새(육일) choyeossae (yugil) チョヨッセ(ユキㇽ)	초이레(칠일) choire (chilil) チョイレ(チリㇽ)
八日	九日	초여드레(팔일) choyeodeure (palil) チョヨドレ(パリㇽ)	초아흐레(구일) choaheure (guil) チョアフレ(クイㇽ)

十日	十一日	열흘(십일) yeolheul (sibil) ヨルフル(シビル)	열하루(십일일) yeolharu (sibilil) ヨルハル(シビリル)
十四日	十五日	열나흘(십사일) yeolnaheul (sibsail) ヨルナフル(シッブサイル)	보름(십오일) boreum (siboil) ボルム(シボイル)
十六日	二十日	열엿새(십육일) yeolyeossae (sibyugil) ヨルヨッセ(シムユキル)	스무날(이십일) seumunal (isibil) スムナル(イシビル)
二十一日	二十九日	스무하루(이십일일) seumuharu (isibilil) スムハル(イシップイリル)	스무아흐레(이십구일) seumuaheure (isibguil) スムアフレ(イシップクイル)
三十日	初旬	① 그믐 geumeum グムム	초순 choseung チョスゥン
中旬	下旬	중순 jungsun チュングスゥン	하순 hasun ハスゥン
十五日頃	末日頃	보름께 boreumgge ボルムケ	그믐께 geumeumgge グムムケ
月　正月	二月	달　정월(일월) dal　jeongweol (ilweol) タル　チォンウォル(イルウォル)　イウォル	이월 iweol イウォル
三月	四月	삼월 samweol サムウォル	사월 saweol サウォル
五月	六月	오월 oweol オウォル	유월 yuweol ユウォル
七月	八月	칠월 chilweol チルウォル	팔월 palweol パルウォル

① 「그믐」(グムム)は月の大小に関係なく月の最終日を指す言語であって小の月は29日が「그믐」になる． もともと陰暦の月末を表す名称であったが今は陽暦にも通用する．

九月	十月	구월 guweol クウォル	시월 siweol シウォル
十一月	十二月	동짓달(십일월) dongjiddal (sibilwol) ドンチッタル(シビ゚ルウォル)	섣달(십이월) seoddal (sibiweol) ソッタル(シビ゚ウォル)
年	一年	년(해) nyeon (hae) ニョン(ヘ)	한 해(일년) han hae (ilnyeon) ハンヘ(イルニョン)
二年	三年	이태(이년) itae (inyeon) イテ(イニョン)	삼년 samnyeon サムニョン
一千九百四十五年		일천 구백 사십 오년 ilcheon gubaeg sasib onyeon イルチォンクベックサシップオニョン	
一九七〇年四月八日		일구칠공년 사월 초파일 ilguchilgongnyeon saweol chopail イルクチルコンニョンサウォルチョパイル	
今年	来年	금년(올해) geumnyeon (olhae) グムニョン(オルヘ)	내년 naenyeon ネニョン
去年	明後年	작년(지난 해) jagnyeon (jinan hae) チャクニョン(チナンヘ)	명후년 myeonghunyeon ミョングフニョン
今月	去月	이달 idal イタル	지난 달 jinan dal チナンタル
来月	後月	내 달 nae dal ネタル	다음 달 daeum dal タウムタル
今日	昨日	오늘 oneul オヌル	어제 eoje オチェ
明日	明後日	내일 naeil ネイル	모레 more モレ

| 一昨日 | 前日 | 그제
geuje
グチェ | 지난 날
jinan nal
チナンナル |
| 翌日 | | 이튼날(다음 날)
iteudnal (daeum nal)
イトンナル(タウムナル) | |

5. 曜日・週

5. 요일・주

日曜日	月曜日	일요일 ilyoil イルヨイル	월요일 weolyoil ウォルヨイル
火曜日	水曜日	화요일 hwayoil ファヨイル	수요일 suyoil スゥヨイル
木曜日	金曜日	목요일 mogyoil モキョイル	금요일 geumyoil グムヨイル
土曜日	今週	토요일 toyoil トヨイル	이번 주(금주) ibeon ju (geumju) イボンチュ(グムチュ)
先週	来週	지난 주 jinan ju チナンチュ	내 주 naeju ネチュ

6. 四季・天候

6. 사철・날씨

春	夏	봄 bom ボム	여름 yeoreum ヨルム
秋	冬	가을 gaeul カウル	겨울 gyeoul キョウル
季節	四季	계절(철) gyeojeol (cheol) ケチォル(チォル)	사철 sacheol サチォル
気温	天候	기온 gion キオン	날씨 malssi ナルシ

風	雨	바람 baram バラ[illegible]full	비 bi ビ
雪	晴天	눈 nun ヌン	맑다 malda マ_ルタ
曇り	空	흐리다 heurida フリダ	하늘 haneul ハヌ_ル
空気	月	공기 gonggi コンギ	달 dal タ_ル
星	明るい	별 byeol ビョ_ル	밝다 bagda バ_クタ
暗い	寒い	어둡다 eodubda オトゥッタ	춥다 chubda チュッタ
暖かい	暑い	따뜻하다 ddaddeushada タトゥッハタ	덥다 deobda トッタ
冷たい	涼しい	얼음같이 차다 eoleumgatchi chada オル_ムカチ チャタ	서늘하다 seoneulhada ソヌ_ルハタ
太陽	雲	해 (태양) hae/taeyang ヘ (テヤング)	구름 gureum クル_ム
雷	日照り	천둥 cheondung チォントゥング	가뭄 gamum カム_ム
むし暑い	きり雨	무덥다 mudeobda ムドッタ	가랑비 garangbi カラングビ
夕やけ	天候不順	놀 nol ノ_ル	천기불순 cheongibulsun チォンギブ_ルスゥン

7. 時　　刻　　　7. 시　　간

秒	1秒	초 cho チョ	일 초 il cho イルチョ
分	2分	분 bun ブン	이 분 i bun イブン
時間	3時間	시간 sigan シカン	세 시간 se sigan セシカン
半時間	午前	반 시간(삼십분) ban sigan (サムシッ バンシカン（ブン）	오전 ojeon オチォン
午後	正午	오후 ohu オフ	정오(한 낮) jeongo (ハン チォングオ（ナッ）
1時13分	4時半	한시 십삼분 hansi sibsambun ハンシッブ サムブン	네시 반 nesi ban ネシ バン
11時3分前	12時7分過ぎ	열한시 삼분전 yeolhansi sambunjeon （ヨルハンシ サムブン チォン）	열두시 칠분 yeoldusi chilbun ヨルトゥシ チルブン
朝	お昼	아침 achim アチム	낮 nas ナッ
夕方	夜	저녁 jeonyeog チォニョッ	밤 bam バム
いつも		늘 neul ヌル	
毎日（毎月・毎年）		맨날―매일 (매월·매년) maennal maeil (maeweol maenyeon) メンナル メイル（メウォル・メニョン）	
しばらくの間	長い間	잠깐 jamggan チァッカン	오래 orae オレ

数時間	数日間	몇 시간 myeos sigan ミョッシカッ	며칠 myeochil ミョチル

8. 方　　位　｜　8. 방　　향

右	左	오른 쪽(편) oreun jjog (pyeon) オルンチョク(ピョン)	왼 쪽(편) oinjjog (pyeon) オィンチョク(ピョン)
前	後	앞 ap アップ	뒤 dwi トゥィ
上	下	위 wi ウィ	아래 arae アレ
中央	東	가운데(중앙) gaunde (jungang カウンテ(チュングアング)	동쪽 dong jjog トングチョク
西	南	서쪽 seo jjog ソチョク	남쪽 nam jjog ナムチョク
北	こちらの ほう	북쪽 bug jjog ブックチョク	이쪽 ijjog イチョク
あちらのほう		저 쪽 jeo jjog チョチョク	그 쪽 geu jjog グチョク

9. 人・身体　｜　9. 사람・신체

男性	女性	남성(남자) namseong (namja) ナムソング(ナムチァ)	여성(여자) yeoseong (yeoja) ヨソング(ヨチァ)
おとな	子ども	어른 eoreun オルン	아이 ai アイ
男の子 (少年)	女の子 (少女)	사내 아이(소년) sanae ai (sonyeon) サネアイ(ソニョン)	계집 아이(소녀) gyejib ai (sonyeo) ケチッブアイ(ソニョ)

老人	青年	노인(늙은 이) noin (neulgeuni) ノイン(ヌルグニ)	청년(젊은 이) cheongnyeon (jeolmeuni) チョングニョン(チォルムニ)
赤ん坊	紳士	갓난 아기 gasnan agi カッナンアキ / gasnan ai カッナンアイ	신사 sinsa シンサ
婦人	○○さま	부인 buin ブイン	○○선생님 ○○seonsaengnim ○○ソンセングニ゚
○○さん	頭	○○씨 ○○ssi ○○シ	머리 meori モリ
顔	目	얼굴 eolgul オルクル	눈 nun ヌン
鼻	口	코 ko コ	입 ib イップ
耳	髪	귀 gwi キゥィ	머리(카락) meorikarag モリカラック
口ひげ	歯	수염 suyeom スゥヨ゚	이 i イ
手	足	손 son ソン	발 bal バル
手の指	胸	손가락 songarag ソンカラック	가슴 gaseum カスゥ
背中	腰	등 deung ドング	허리 heori ホリ
肩	首	어깨 eoggae オケ	목 mog モック

胃	腸	위 wi ウィ	장 (창자) jang (changja) チァング (チァングチァ)
のど	心臓	목구멍 (인후) moggumeong (inhu) モックモング (インフ)	심장 simjang シムチァング
肺	肝臓	폐 (허파) pye/heopa ペ (ホパ)	간장 (간) ganjang (gan) カンチァング (カン)

医者	医院	의사 euisa イサ	의원 euiweon イウォン
病院	内科医	병원 byeongweon ビョングウォン	냇과 의 naesgwa eui ネックヮイ
外科医	小児科医	윗과 의 oisgwa eui オィックヮイ	소아과 의 soasgwa eui ソアックヮイ
眼科医	歯科医	안과 의 angwa eui アンクヮイ	칫과 의 chisgwa eui チックヮイ
婦人科医	風邪	산부인과 의 sanbuingwa eui サンブインクヮイ	감기 gamgi カムキ
痛み	頭痛	아픔 apum アプム	두통 dutong トゥトング
胃痛	肺炎	위통 witong ウィトング	폐렴 pieryeom ペリョム
炎症	盲腸炎	염증 eyomjeung ヨムチュング	맹장염 maengjangyeom メングチァングヨム
体温	脈搏	체온 cheon チェオン	맥박 maegbag メックバッグ

睡眠	下痢	잠(수면) jam (sumyeon) チャム(スゥミョン)	이질(하리) ijil (hari) イチㇽ(ハリ)
嘔吐	便秘	구토 guto クト	변비 byeonbi ビョンビ
肺結核	汗	폐결핵(폣병) pyegyeolhaeg (pyesbyeong) ペギョルヘック(ペッビョング)	땀 ddam タㇺ
涙	尿	눈물 nunmul ヌンムㇽ	오줌 ojum オチュㇺ
便	血	변(똥) byeon (ddong) ビョン(トンク)	피 pi ピ
切り傷	骨折	절상 jeolsang チォルサンク	골절 goljeol コㇽチォㇽ
捻挫	注射	염좌 yeomjwa ヨㇺズヮ	주사 jusa チュサ
治療	手術	치료 chiyo チリョ	수술 susul スゥスゥㇽ
湿布	計る（熱 や脈を）	습포 suubpo スッブポ	재다 jaeda チェタ
薬	薬局	약 yag ヤック	약국 yaggug ヤックックク
処方箋	胃腸薬	처방전 cheobangjeon チォバングチォン	위장약 wijangyag ウィチァングヤック
鎮痛剤	睡眠剤	진통제 jintongje チントングチェ	수면제 sumyeonje スゥミョンチェ

水薬	散薬	물약 mulyag ムルヤック	가루약 garuyag カルヤック
錠剤	目薬	정제 (알약) jeongej (alyaag) チョングチ (アルヤック)	안약 (눈약) anyag (nunyag) アンヤック (ヌンヤック)
一錠	一滴	한알 hanal ハンアル	한방울 hanbangul ハンバングウル
絆創膏	風邪薬	반창고 banchanggo バンチャングコ	감기 약 gamgiyag カムギヤック
赤チン	アスピリン	머큐롬 meokyurom モキュロム	아스피린 aseupirin アスピリン
脱脂綿	ガーゼ	탈지면 (약솜) taljimyeon (yagsom) タルチミョン (ヤックソム)	가제 gaje カチェ
包帯	軟膏	붕대 bungdae ブングテ	연고 yeongo ヨンコ

11. 家族・人の呼び名　／　11. 가족・사람의 명칭

父	母	아버지 abeoji アボチ	어머니 eomeoni オモニ
兄弟	姉妹	형제 hyeongje ヒョングチェ	자매 jamae チァメ
兄	弟	형 (오빠) hyeong (obba) ヒョング (オパ)	동생 (아우) dongsaeng (au) トングセング (アウ)
姉	妹	언니 (누이) eonni (nui) オンニ (ヌイ)	동생 (누이동생) dongsaeng (nuidongsaeng) トングセング (ヌイトングセング)

祖父	祖母	할아버지 halabeoji ハラボヂ	할머니 halmeoni ハㇽモニ
息子	娘	아들 adeul アドㇽ	딸 ddal タㇽ
夫	妻	남편 nampyeon ナㇺペョン	아내 anae アネ
従兄弟	従姉妹	사촌 형제 sachon hyeongje サチョンヒョングチェ	사촌 자매 sachon jamae サチョンチァメ
親類	友人	친척 (일가) chincheog (ilga) チンチォク (イㇽカ)	벗 (친구) beos (chingu) ボッ (チンク)

12. 家・調度　　12. 집・가구

家屋	ビルデイング	집 jib チップ	빌딩 bilding ビㇽディング
門	玄関	문 mun ムン	현관 hyeongwan ヒョンクァン
庭	応接間	뜰 (마당) ddeul (madang) トㇽ (マタング)	응접실 eungjeobsil ウングチォプシㇽ
勝手	寝室	부엌 bueok ブオック	침실 chimsil チㇺシㇽ
窓	屋根	창문 changmun チァングムン	지붕 jibung チブング
電灯	水道	전등 jeondeung チォンドング	수도 sudo スゥト

ガス	洗面所	가스 gaseu カス	세면소 semyeonso セミョンソ
階下	二階	아래층 araecheung アレチュング	이층 icheung イチュング
机	椅子	탁자 tagja タッチァ	의자 euija イチァ
部屋	食卓	방 bang バング	식탁 sigtag シックタッ
たんす	ふとん	장 jang チァング	깔개 (요) ggalgae (yo) カルケ (ヨ)
掛けぶとん	ベッド	이불 ibul イブル	침대 chimdae チムテ
本箱	シーツ	서가 seoga ソカ	시트 siteu シト
勉強机	洋服ダンス	책상 chaegsang チェクサング	양복장 yangbogjang ヤングボックチァン

13. 料理・食べもの　　13. 요리・먹는 것

食堂	料理店	식당 sigdang シックタング	요리집 yorijib ヨリッチッブ
朝食	昼食	아침 (밥) achim (bab) アチム (バッブ)	점심 (밥) jeomsim (bab) チョムシム (バッブ)
夕食	スープ	저녁 (밥) jeonyeog (bab) チォニョッ (バッブ)	국 gug クッ

魚	肉（牛肉・豚肉）	（물）고기 (mul) gogi (ムﾙ) コギ	고기（쇠고기 돼지고기） gogi コギ soigogi. ソィコギ dwaejigogi トェチコギ
野菜	卵	야채（나물） yachae (namul) ヤチェ (ナムﾙ)	계란（달걀） gyeran (dalgyal) ケラン (タﾙカャﾙ)
ビーフステーキ	サラダ	비프스테이크 bipeusteikeu ビプステイク	샐러드 saelreodeu セﾙロド
焼き牛肉	海老フライ	불고기 bulgogi ブﾙコギ	새우튀김 saeutwigim セウトゥィキﾑ
デザート	オードブル	디저트 dijeoteu ディチォト	오드블 odeubeul オドブﾙ
ケーキ	チーズ	케이크 keikeu ケイク	치즈 chijeu チズ
パン	ライス	빵 bbang パング	라이스 raiseu ライス
しょう油	砂糖	간장 ganjang カンチァング	설탕 seoltang ソﾙタング
酢みそ	とうがらし粉のみそ	초장 chojang チョチァング	고추장 gochujang コチュチァング
こしょう	ごま塩	후추가루 huchugaru フチュカル	깨소금 ggaesogeum ケソグﾑ
とうがらし粉	からし	고추가루 gochugaru コチュカル	겨자 gyeoja キョチァ

塩	ソース	소금 sogeum ソグﾑ	소스 soseu ソス
小皿	フォーク	접시 jeobsi チョッシ	포크 pokeu ポク
スプーン	ナイフ	스푼(숟갈) seupun(sudgal) スプン(スゥッカﾙ)	나이프(칼) naipeu(kal) ナイプ(カﾙ)
コップ	ナプキン	컵 keop コップ	냅킨 naebkin ネップキン
箸	つま楊枝	젓가락 jeoggalag チョッカラック	이쑤시개 issusigae イスゥシケ
フインガーボウル	メニュー	핑거볼 pinggeobol ピングコボﾙ	메뉴(식단) menyu(sigdan) メニュ(シックタン)
ジャム	マーマレード	잼 jaem チェﾑ	마말레이드 mamaleideu ママﾙレイド
トーストパン	バター	토스트 toseuteu トスト	버터 beoteo ボト

▶ 밥　　　　　　　ご飯
bab
バップ

흰밥(쌀밥)　　　白飯
hinbab (ssalbab
ヒンバップ(サﾙバップ)

찰밥　　　　　　もち米ご飯
chalbab
チァﾙバップ

보리밥 boribab ボリバッブ	麦ご飯
팥밥 patbab パッバッブ	あずきご飯（赤飯）
잡곡밥 jabgogbab チァブコッブバッブ	混ゼ飯（雑穀の）
▶ 국 gug クッブ	スープ
닭고깃국 daggogisgug タックコギックッブ	若鶏のスープ
고깃국 gogisgug コギックッブ	牛肉汁
콩나물국 kongnamulgug コングナㇺルクッブ	大豆もやし汁
만두국 mandugug マントゥクッブ	肉・野菜を小麦粉で包んで煮た汁
▶ 전골, 찜 jeongol jjim チォンコㇺ チㇺ	なべ料理
신선로 sinseonro シンソンロ	肉・魚・野菜の寄せなべ
갈비찜 galbijjim カㇲビチㇺ	牛のあばら肉を調味料につけて煮 つめたもの
닭찜 dagjjim タックチㇺ	若鶏の肉を調味料につけて煮つめ たもの

도미찜 domijjim トミチム	たいのちりなべ
▶ 국밥 gugbab クックパップ	あけに入れたご飯
갈비탕 galbitang カルビタング	牛のあばら肉スープに入れたご飯
곰탕 gomtang コムタング	牛肉内臓入りお汁
설렁탕 seoleongtang ソルロングタング	牛の胸の肉入り
육계장 yuggyejang ユッケチァング	鶏肉入り
▶ 찌개 jjigae チゲ	肉・魚・野菜に調味料を加えて蒸して煮つめたもの
생선찌개 saengseonjjigae セングソンチゲ	鮮魚入り
두부찌개 dubujjigae トゥブチゲ	豆腐入り
된장찌개 doiniangjjigae トェンチァングチゲ	みそと肉入り
김치찌개 gimchijjigae キムチチゲ	キムチ入り
▶ 구이 gui クイ	肉魚のてり焼き

불고기
bulgogi
ブルコギ

焼肉

불갈비
bulgalbi
ブルカルビ

牛のあばらの焼肉

곱창구이
gobchanggui
コップチャングクイ

牛の腸の焼肉

▶ 김치
gimchi
キムチ

調味料を加えた野菜漬

배추김치
baechugimchi
ベチュキムチ

白菜のキムチ

오이소박이
oisobagi
オイソバギ

きゆうりのキムチ

물김치
mulgimchi
ムルキムチ

若菜の水キムチ

깍두기
ggagdugi
カックトゥギ

大根のさいのめ切り漬け

▶ 적
jeog
チォク

くし刺し焼き肉

산적
sanjeog
サンチォク

肉・野菜のくし刺し焼き

누름적
nureumjeog
ヌルムチォク

牛肉とキムチのくし刺し焼き

▶ 나물
namul
ナムル

野菜をゆでて味付けしたもの

	숙주나물 sugjunamul スゥヶチュナムㇽ	緑豆もやし
	콩나물 kongnamul コンゥナムㇽ	大豆もやし
	시금치 sigeumchi シグㇺチ	ほうれん草
	고사리 gosari コサリ	わらび
▶	볶음 boggeum ボッグㇺ	油いため料理（材料によつていろいろの名称あり）
▶	튀김 twigim トゥィキㇺ	油あげ料理（いろいろの種類あり）
▶	졸임 jolim チョリㇺ	魚・肉の煮つけ（いろいろの種類あり）
▶	전유어 jeonyueo チォンユオ	肉・魚・野菜に小麦粉やたまごをかぶせて鉄板で焼いた物
▶	회 hoi フェ	さしみ（材料によつていろいろの名称あり）
▶	무침 muchim ムチㇺ	あえ料理（材料によっていろいろの名称あり）
▶	떡 ddeog トック	もち（いろいろの名称あり）
▶	국수 gugsu クックスゥ	めん

14. 飲みもの | 14. 음　　료

コーヒー	紅茶	코피 kopi コピ	홍차 hongcha ホングチァ
ミルク (牛乳)	人蔘茶	밀크(우유) milkeu/uyu ミルク(ウユ)	인삼차 insamcha インサムチァ
ココア	ジュース	코코아 kokoa ココア	주스 juseu チュス
レモネード	アイスクリーム	레모네이드 remoneideu レモネイド	아이스크림 aiseukeurim アイスクリム
コーラ	サイダー	콜라 kola コッラ	사이다 saida サイタ
ビール	ブドウ酒	맥주(비어) maegju (bieo) メックチュ(ビォ)	포도주 podoju ポトチュ
洋酒	ウイスキー	양주 yangju ヤングチュ	위스키 wiseuki ウィスキ
ブランデイー	ジン	브랜디 beuraendi ブレンディ	진 jin チン
濁酒	清酒	막걸리(탁주) maggeoli/tagju マックコ(タックチュ)ルリ	청주(동동주) cheongju (dongdongju) チョング(トングトン)チュ(グチュ)
焼酒	正宗	소주 soju ソチュ	정종 jeongjong チォングチョング
高粱酒	法酒	고량주(배갈) goryangju (baegal) コリャングチュ(ベカル)	법주 beobju ボッチュ

15. くだもの		15. 과　　일	
リンゴ	梨	사과 sagwa サクァ	배 bae ベ
オレンジ	桃	오린지(귤) orinji (gyul) オリンチ(キュル)	복숭아 bogsunga ボックスゥングア
パイナップル	くり	파이내플 painaepul パイネプル	밤 bam バム
イチゴ	バナナ	딸기 ddalgi タルキ	바나나 banana バナナ
メロン	実	멜론 melon メルロン	열매 yeolmae ヨルメ
皮	たね	껍질 ggeobjil コッチル	씨 ssi シ
あんず	まくわうり	살구 salgu サルク	참외 chamoi チャムオイ
ざくろ	なつめ	석류 seogryu ソングリュ	대추 daechu テチュ
くるみ	さくらんぼ	호두 hodu ホトゥ	앵두 aengdu エングトゥ
柿	ぶとう	감 gam カム	포도 podo ポト
すいか	すもも	수박 subag スゥバック	오얏(자두) oyas (jadu) オヤッ(チャトゥ)

穀物	農作物	곡식 gogsig コックシック	농작물 nongjagmul ノングチァングムㄹ
稲	とうもろこし	벼(나락) byeo(narag) ビョ(ナラック)	옥수수 ogsusu オックスゥスゥ
麦	もやし	보리 bori ボリ	콩나물 kongnamul コングナムㄹ
大豆	えんどう	콩 kong コング	완두 wandu ワントゥ
そら豆	こうりやん	올콩 olkong オㄹコング	수수 susu スゥスゥ
ごま	ピーナッツ	참깨 chamggae チァムケ	땅콩 ddangkong タングコング
さつまいも	じゃがいも	고구마 goguma コクマ	감자 gamja カㅁチァ
大根	白菜	무우 muu ムゥ	배추 baechu ベェチュ
ほうれんそう	にら	시금치 sigeumchi シㅁチ	부추 buchu ブチュ
ねぎ（玉ねぎ）	にんにく	파(둥근파) pa(dunggeunpa) パ(トゥンググンパ)	마늘 maneul マヌㄹ
わさび	とうがらし	아욱 aug アウック	고추 gochu コチュ

なす	トマト	가지 gaji カチ	토마토 tomato トマト
きゆうり	かぼちや	오이 oi オイ	호박 hobag ホバッ_ク
しいたけ		표고버섯 pyogobeoseos ピ_ョコボソッ	

17. 動植物　　17. 동·식물

ライオン	虎	사자 saja サチァ	범(호랑이) beom (horangi) ボ_ム（ホラ_ンギイ）
ひょう	象	표범 pyobeom ピ_ョボ_ム	코끼리 koggiri コキリ
熊	猿	곰 gom コ_ム	원숭이 weonsungi ウォンスゥンギイ
狼	鹿	이리 iri イリ	사슴 saseom サス_ム
たぬき	きつね	너구리 neoguri ノクリ	여우 yeou ヨウ
うさぎ	ねずみ	토끼 toggi トキ	쥐 jwi チゥィ
野獣	家畜	들짐승(야수) deuljimseung (yasu) ド_ルチ_ムス_ング（ヤスゥ）	가축 gachug カチュッ
牛	馬	소 so ソ	말 mal マ_ル
ろば	ラクダ	당나귀 dangnagwi タングナクィ	낙타 nagta ナッタ

やぎ	염소 yeomso ヨ厶ソ	羊	양 yang ヤン
豚	돼지 dwaeji トェチ	犬	개 gae ケ
ねこ	고양이 goyangi コヤングイ	はと	비둘기 bidulgi ビトゥルギ
にわとり	닭 dag タック	あひる	오리 ori オリ
つばめ	제비 jebi ゼビ	こい	잉어 ingeo イングォ
さかな	생선 saengseon セングソン	えび	새우 saeu セウ
かに	게 ge ケ	虫	벌레 beole ボルレ
みつばち	꿀벌 ggulbeol クルボル	ちょうちょう	나비 nabi ナビ
いなご	메뚜기 meddugi メトゥギ	蚊	모기 mogi モギ
はえ	파리 pari パリ	さそり	전갈 jeongal チォンカル
へび	뱀 baem ベ厶	植物	식물 sigmul シックムル
草	풀 pul プル	樹木	나무 namu ナム

木の葉	苗木	이파리(잎) ipari (ip イパリ イッブ	묘목 myomog ミョモック
芝生	草花	잔디 jandi チャンディ	화초 hwacho ファチョ
竹	藤子	대나무 daenamu テナム	등나무 deungnamu ドゥングナム
松	桑	소나무 sonamu ソナム	뽕나무 bbongnamu ボングナム
しだれ柳	果樹	수양버들 suyangbeodeul スゥヤングボドル	과일나무(과수) gwailnamu (gwasu クァイルナム クァスゥ
あんずの木	なつめの木	살구나무 salgunamu サルクナム	대추나무 daechunamu テチュナム
なしの木	ももの木	배나무 baenamu ベナム	복숭아나무 bogsunganamu ボックスゥングアナム
りんごの木	梅の花	사과나무 sagwanamu サクァナム	매화(꽃) maehwa(ggoch) メファ コッ
ぼたんの花	すももの花	모란(꽃) moran (ggoch) モラン コッ	오얏꽃 oyasggoch オヤッコッ
ばらの花	菊花	장미(꽃) jangmi (ggoch) チャングミ コッ	국화(꽃) gughwa (ggoch) クックファ コッ
種子	芽	씨앗 ssias シアッ	싹 ssag サック
根	茎	뿌리 bburi ブリ	줄기 julgi チュルギ

18. 服　　飾　　18. 복　　장

韓服	洋服	한복 hanbog ハンボック	양복 yangbog ヤングボック
洋装	オーバー	양장 yangjang ヤングチァング	오버 obeo オボ
コート	ズボン	코트 koteu コト	바지 baji バチ
スカート	ワンピース	스커트 skeoteu スコト	원피스 weonpiseu ウォンピス
トゥーピース	シャツ	투피스 tupiseu トゥピス	셔츠 syeocheu ショチュ
下着	帽子	내의 naeeui ネイ	모자 moja モチァ
マフラー	靴下	머플러 meopeuleo モプルロ	양말 yangmal ヤングマル
ネクタイ	ネックレス	넥타이 megtai ネックタイ	네클리스 nekeuliseu ネクルリス
皮ベルト	ヘアバンド	허리끈(혁대) heoriggeun(hyeogdae) ホリクン（ヒョクテ）	헤어밴드 heeobaendeu ヘォベンド
イヤリング	リング	이어링(귀고리) ieoring (gwigori) イオリング（クィコリ）	반지 banji バンチ
ハンドバック	レインコート	핸드백 haendeubaeg ヘンドベック	레인코트 reinkoteu レインコト

セーター	チヨッキ	쉐터 sweteo スゥェト	재키트 jaekiteu チェキト
メリヤス	パンテイ	메리야스 meriyaseu メリヤス	팬티 paenti ペンティ
くつ	布靴	구두 gudu クトゥ	운동화 undonghwa ウントングファ

19. 文具・雑貨

19. 문구・잡화

紙	ノートブック	종이 jongi チョングイ	노트(공책) noteu(gongchaeg) ノト(コングチェゥ)
びんせん	ふうとう	편짓지 pyeonjisji ピョンチッチ	편지봉투 pyeonjibongtu ピョンチボングトゥ
えん筆	万年筆	연필 yeonpil ヨンピル	만년필 mannyeonpil マンニョンピル
ふで	メモ帳	붓 bus ブッ	메모첩(수첩) memocheob/sucheob メモチョプ(スゥチョプ)
消シゴム	インク	지우개 jiugae チウケ	잉크 ingkeu イングク
ボールペン	画用紙	볼펜 bolpen ボルペン	도화지 dohwaji トファチ
絵の具	化粧石けん	안료(물감) anryo(mulgam) アンリョ(ムルカム)	화장비누 hwajangbinu ファチァングビヌ
タオル	ハンカチ	수건(타울) sugeon(taul) スゥコン(タウル)	손수건(행커치포) sonsugeon(haengkeochipeu) ソンスゥコン(ヘングコチプ)

鼻紙	マッチ	화장지 hwajangji ファチャンヂ	성냥 seongnyang ソンヂニャン
たばこ	ハサミ	담배 dambae タンベ	가위 gawi カウィ
カミソリ	カミソリ の刃	(안전)면도칼 (anjeon)myeondokal (アンチォン)ミョントカル	면도날 myeondonal ミョントナル
灰皿	ヘアブラ シ	재떨이 jaeddeoli チェトルイ	(머리)빗 (meori)bis (モリ)ビッ
ヘアピン	パーマネ ント	머리핀 meoripin モリピン	퍼머(넨트) peomeo(nenteu) ポモ(ネント)
爪切リ	歯ブラシ	손톱깎이 sontobggaggi ソントップカッタイ	칫솔 chissol チッソル
練リ歯磨	クリーム	치약 chiyag チヤック	크림 keurim クリム

20. 楽　　器　　20. 악　　기

バイオリ ン	ビオラ	바이얼린 baieolin バイオルリン	비올라 biola ビオルラ
チエロ	コントラ バス	첼로 chelo チェルロ	콘트라베이스 konteurabeiseu コントラベイス
ハープ	ピアノ	하프 hapeu ハプ	피아노 piano ピアノ
フルート	ピッコロ	플루트 peuluteu プルルト	피코로 pikoro ピコロ

オーボエ	クラリネット	오보에 oboe オボエ	클라리니트 keulrariniteu ク゚ラリニト
フアゴット	フレンチホルン	파고토(바순) pagoto(basun) パコト(バスゥン)	프렌치호른 peurenchi horeun ブレンチ ホルン
トランペット	コルネット	트럼피트 teureompiteu トロ゚ピト	코네트 koneteu コネト
トロンボーン	ティンパニー	트롬본 teurombon トロ゚ボン	템버린 taembeorin テェ゚ボリン
大太鼓	小太鼓	큰북 keunbug クンブッグ	작은북 jageunbug チャグンブッグ
シンバル	シロホン	심벌즈 simbeoljeu シ゚ボ゚ズ	실로폰 silopon シ゚ロポン
トライアングル	サキソホン	트라이앵글 teuraiaenggeul トライエ゚グ゚	색소폰 saegsopon セックソポン
ギター	マンドリン	기타 gita ギタ	만도린 mandorin マ゚ドリン
バンジョー	ハーモニカ	밴조 baenjo ベンチ゚	하모니카 hamonika ハモニカ
アコーディオン	パイプオルガン	아코디온 akodion アコディオン	파이프오르간 paipeu oreugan パイプ オルガ゚
バラライカ	とら	발랄라이카 balralraika バ゚ラ゚ライカ	꽹과리 ggwaenggwari ケ゚グ゚クァリ

21. 価　　格　／　21. 값

| お金 | 値段 | 돈
don
トン | 값
gab
カッブ |

定価	円	정가 jeongga チョング**カ**	원 weon ウォン
高価（たかい）	廉価（やすい）	비싸다(고가) bissada (goga ビ**サタ**(コッ**カ**	싸다(염가) ssada (yeomga **サタ**(ヨ_ム**カ**
値引き	物価	에누리 enuri エヌリ	물건값(물가) mulgeongab (mulga ムルコオンカップ(ムル**カ**
値上がり	値下がり	(값이)오르다 (gabsi)oreuda (カップシ)オルタ	(값이)내리다 (gabsi)naerida (カップシ)ネリタ

22. 色 / 22. 빛 깔

白色	黒色	흰빛(백색) hinbich (baegsaeg) ヒン ビッ(ベックセック)	검은빛(흑색) geomeunbich (heugsaeg) コムンビッ(フックセック)
赤色	青色	붉은빛(적색) bulgeunbich (jeogsaeg) ブルグンビッ(チョクセック)	푸른빛(청색) pureunbich (cheongsaeg) **プ**ルンビッ(**チ**オングセック)
黄色	橙色	누른빛(황색) nureunbich (hwangsaeg) ヌルンビッ(**フ**ァングセック)	귤빛(등황색) gyulbich (deunghwan-gsaeg) キュルビッ(ドングファングッセック)
緑色	茶色	풀빛(녹색) pulbich (nogsaeg) **プ**ルビッ(ノックセック)	찻빛(다색) chasbich (dasaeg) **チ**ァッビッ(タセック)
紫色	ピンク	자색 jasaeg チァセック	분홍색 bunhongsaeg ブンホングセック
灰色	セピア	잿빛(회색) jaesbich (hoisaeg) チェッビッ(フェセック)	흑갈색 heuggalsaeg フックカルセック
淡い	濃い	엷다 yeolda ヨ_ルタ	짙다 jitda チッタ

オリーブ色	紅色	황록색 hwangrogsaeg ファングロックセック	선홍색 seonhongsaeg ソンホングセック
えんじ色	朱色	연지빛(색) yeonjibich (saeg) ヨンチビッ(セック)	주홍색(빛) juhongsaeg (bich) チュホングセック(ビッ)
あずき色	えび茶色	홍흑색 hongheugsaeg ホングフックセック	장자색 jangjasaeg チャングチァセック
とび色	たいしや色	다갈색 dagalsaeg タカルセック	황갈색 hwanggalsaeg ファングカルセック
こげ茶色	こはく色	심종색 simjongsaeg シュチョングセック	호박색 hobagsaeg ホバックセック
黄土色	カーキ色	황토빛 hwangtobich ファングトビッ	카키색 kakisaeg カキセック
ぞうげ色	からし色	상아빛 sangabich サングアビッ	겨자빛 gyeojabich キョチァビッ
クリーム色	レモン色	담황색(크림색) damhwangsaeg(keurimsaeg) タムファング(クリムセック)セック	레먼빛 remeonbich レモンビッ
うぐいす色	もえぎ色	다록색 darogsaeg タロックセック	담록색 damrogsaeg タムロックセック

23. 職　　業

23. 직　　업

| 学生 | 教師 | 학생
hagseng
ハックセング | 교사
gyosa
キョサ |
| 教授 | 公務員 | 교수
gyosu
キョスゥ | 공무원
gongmuweon
コングムウォン |

労働者	農民	노동자 (일꾼) nodongja (ilggun) ノトングチ(イルクン)ァ	농민 (농사꾼) nongmin (nongsaggun) ノングミン(ノングサクン)
店員	事務員	점원 jeomweon チォムウォン	사무원 samuweon サムウォン
技師	新聞記者	기사(기술자) gisa (gisulja) キサ(キスゥルチァ)	신문기자 sinmungija シンムンキチァ
俳優	作家	배우 baeu ベウ	작가 jagga チァックカ
画家	音楽家	화가 hwaga ファカ	음악가 eumagga ウムアックカ
弁護士	医師	변호사 byeonhosa ビォンホサ	의사 euisa イサ
運転手	車掌	운전사 unjeonsa ウンチォンサ	차장 chajang チァチァング
案内人	秘書	안내인 annaein アンネイン	비서 biseo ビソ
商人	実業家	상인(장사꾼) sangin (jangsaggun) サングイン(チァングサクン)	실업가 sileobga シルオップカ
駅員	看護婦	역원 yeogweon ヨックウォン	간호원 ganhoweon カンホウォン
巡査	軍人	순경 sungyeong スゥンキョング	군인 gunin クンイン
上司	部下	상사 sangsa サングサ	부하 buha ブハ

同僚	課長	동료 dongryo トングリョ	과장 gwajang クァチァング
局長	庁長	국장 gugjang クックチァング	청장 cheongjang チォングチァング
専務	常務	전무 jeonmu チォンム	상무 sangmu サングム
支配人	社長	지배인 jibaein チベイン	사장 sajang サチァン

24. スポーツ   24. 스포츠

キャプテン	チーム	대장 daejang テチァング	대(팀) dae(tim テ(ティム)
メンバー	監督	대원(멤버) daeweon (membeo) テウォン(メムボ)	감독 gamdog カムトッ
マネージャー	メンバー表	매니저 maenijeo メニチォ	명단 myeongdan ミョングタン
プログラム	アマチュア	프로그램 peurogeuraem プログレム	아마추어 amachueo アマチュオ
交歓試合	決勝	친선경기 chinseongyeonggi チンソンキョングキ	결승 gyeolseung キョルスン
予選	総得点	예선 yeseon イェソン	총득점 chongdeugjeom チョングドックチォム
優勝	第二位	우승 useung ウスング	이위(이등) iwi (ideung イウィ(イドング)

第三位	陸上競技	삼등(삼위) samdeung (samwi) サムドング（サムウィ）	육상경기 yugsanggyeonggi ユックサングキョングギ
リレー	ロー・ハードル	릴레이 rilrei リルレイ	로・허돌 ro heodeul ロ・ホドル
走り幅とび	走高とび	주폭도 jupogdo チュポックト	주고도 jugodo チュコト
三段とび	棒高とび	삼단도 samdnado サムタント	봉고도 bonggodo ボングコト
砲丸投げ	円盤打げ	투포환 tupohwan トゥポファン	투원반 tuweonban トゥウォンバン
槍投げ	マラソン	투창 tuchang トゥチァング	마라돈 maradon マラドン
体操	鉄棒	체조 chejo チェチョ	철봉 cheolbong チォルボング
平行棒	マツト	평행봉 pyeonghaengbong ピョングヘングボング	매트 maeteu メト

25. 乗りもの / 25. 교통공구

自動車	タクシー	자동차 jadongcha チァトングチァ	택시 taegsi テックシ
バス	遊覧バス	버스 beoseu ボス	관광버스 gwangwangbeoseu クァンクァングボス
駅	停車場	역 yeog ヨック	정류장 jeongryujang チョングリュチァング

鉄道	汽車	철로 cheolro チォルロ	기차 gicha キチァ
普通列車	急行列車	완행열차 wanhaengyeolcha ワンヘングヨルチァ	급행열차 geubhaengyeolcha グッブヘングヨルチァ
食堂車	寝台車	식당차 sigdangcha シックタングチァ	침대차 chimdaecha チュテチァ
座席	飛行機	좌석 jwaseog ズッソック	비행기 bihaenggi ビヘングギ
空港	旅客機	공항 gonghang コングハング	여객기 yeogaeggi ヨケックキ
ジェット機	ゲート	제트기 jeteugi チェトキ	입구 ibgu イップク
船	汽船	배 bae ベ	기선 giseon キソン
港	埠頭	항구 hanggu ハングク	부두 budu ブトゥ
切符	急行券	표 pyo ピョ	급행권 geubhaenggweon クッブヘングクォン
寝台券	旅券	침대권 chimdaegweon チュテクォン	여권 yeogweon ヨクォン
小荷物	チツキ	소하물 sohamul ソハムル	물품표 mulpumpyo ムルブュピョ
出発	到着	출발 chulbal チュルバル	도착 dochag トチァック

都市（市内）	市外（郊外）	시내 sinae シネ	시외（교외） sioi（gyooi） シウェ（キョウェ）
村	大使館	촌 chon チォン	대사관 daesagwan テサクァン
公使館	領事館	공사관 gongsagwan コングサクァン	영사관 yeongsagwan ヨングサクァン
役所	警察	정부기관 jeongbugigwan チォングブキクァン	경찰서 gyeongchalseo キョングチァルソ
交番	郵便局	파출소 pachulso パチュルソ	우체국 uchegug ウチェクッ
電話局	ホテル	전화국 jeonhwagug チォンファクッ	호텔 hotel ホテル
旅館	レストラン	여관 yogwan ヨクァン	레스토랑 reseutorang レストラン
学校	病院	학교 haggyo ハックキョ	병원 byeongweon ビョングウォン
デパート	商店	백화점 baeghwajeom ベックファチォム	상점 sangjeom サングチォム
劇場	映画舘	극장 geugjang グックチァング	영화관 yeonghwagwan ヨングファクァン
公園	大通り	공원 gongweon コングウォン	큰길 keungil クッキル
小路（横町）	十字路	골목길 golmoggil コルモックキル	네거리 negeori ネコリ

信号	地下道	신호 sinho シンホ	지하도 jihado チハト
歩道	コンクリート建	보도 bodo ボト	콘크리트건물 konkeuriteugeonmul コンクリトコォンムル
壁	階段	벽 byeog ビョク	계단 gyedan ケタン

27.

27. 시・도・주요도시

ソウル特別市

서울특별시
seoulteugbyeolsi
ソウル**トック**ベ**ョル**シ

ソウル

서울
seoul
ソウﾙ

京畿道

경기도
gyeonggido
キョングキト

水原	仁川	수원 suweon スゥウォン	인천 incheon イ**ン**チォン
広州	議政府	광주 gwangju クァングチュ	의정부 euijeongbu イチォンヺブ
板門店		판문점 panmunjeom パンムンチォﾑ	

江原道

강원도
gangweondo
カングウォット

春川	原州	춘천 chuncheon チュンチォン	원주 weonju ウォンチュ

江陵	東草	강릉 gangreung カングヌング	속초 sogcho ソックチォ
忠清北道（忠北）		충청북도（충북） chungcheongbugdo （chungbug チュングチォングブックト （チュングブック）
清州	忠州	청주 cheongju チォングチュ	충주 chungju チュングチュ
報恩	鳥致院	보은 boeun ボウン	조치원 jochiweon チョチウォン
忠清南道（忠南）		충청남도（충남） chungcheongnamdo （chungnam チュングチォングナムト （チュングナム）
大田	天安	대전 daejeon テチォン	천안 cheonan チォンアン
儒城	温陽	유성 yuseong ユソング	온양 onyang オンヤング
公州	扶余	공주 gongju コングチュ	부여 buyeo ブヨ
大川	広川	대천 daeheon テチォン	광천 gwangcheon クァングチォン
慶尚北道（慶北）		경상북도（경북） gyeongsangbugdo （gyeongbug キョングサングブックト （キョングブック）
大邱	慶州	대구 deagu テグ	경주 gyeongju キョングチュ
浦項	聞慶	포항 pohang ポハング	문경 mungyeong ムンキョング

栄州	安東	영주 yeongju ヨングチュ	안동 andong アントン
金泉	鬱陵島	김천 gimcheon キムチォン	울릉도 ulreungdo ウルヌングト
慶尚南道(慶南)		경상남도(경남) gyeongsangnamdo (gyeongnam) キョングサングナムト (キョングナム)	
密陽	馬山	밀양 milyang ミリャング	마산 masan マサン
鎮海	忠武	진해 jinhae チンヘ	충무 chungmu チュングム
晋州	三千浦	진주 jinju チンチュ	삼천포 samcheonpo サムチォンポ
南海	長承浦	남해 namhae ナムヘ	장승포 jangseungpo チァングスングポ
釜山直轄市		부산직할시 busanjighalsi ブサンチックハルシ	
釜山		부산 busan ブサン	
全羅北道(全北)		전라북도(전북) jeonrabugdo (jeonbug) チォルラブックト (チォンブック)	
裡里	群山	이리 iri イリ	군산 gunsan クンサン
全州	井邑	전주 jeonju チォンチュ	정읍 jeongeub チォングウップ

任実	南原	임실 imsil イムシル	남원 namweon ナムウォン
全羅南道（全南）		전라남도（전남） jeonranamdo （jeonnam） チォルラナムト（チォンナム）	
光州	木浦	광주 gwangju クァングチュ	목포 mogpo モッポ
麗水	順天	여수 yeosu ヨスゥ	순천 suncheon スゥンチォン
珍島	霊光	진도 jindo チント	영광 yeongwang ヨングクァング
済州道（済州島）		제주도（제주도） jejudo （jejudo） チェチュト（チェチュト）	
済州	西帰浦	제주 jeju チェチュ	서귀포 seogwipo ソクィポ

28. 江・山・湖

28. 강・산・호수

臨津江	北漢江	임진강 imjingang イムチンカング	북한강 bughangang ブックハンカング
昭陽江	洪川江	소양강 soyanggang ソヤングカング	홍천강 hongcheongang ホングチォンカング
漢江	平昌江	한강 hangang ハンカング	평창강 pyeongchanggang ピョングチァングカング
白馬江	錦江	백마강 baegmagang ベックマカング	금강 geumgang グムカング

栄山江	蟾津江	영산강 yeongsangang ヨングサンカング	섬진강 seomjingang ソムヂンカング
洛東江	南江	낙동강 nagdonggang ナックトングカング	남강 namgang ナムカング
道峰山	水落山	도봉산 dobongsan トボングサン	수락산 suragsan スゥラックサン
冠岳山	天摩山	관악산 gwanagsan クァンアックサン	천마산 cheonmasan チォンマサン
竜門山	雉岳山	용문산 yongmunsan ヨングムンサン	치악산 chiagsan チアックサン
雪嶽山	五台山	설악산 seolagsan ソルアックサン	오대산 odaesan オテサン
俗離山	白岳山	속리산 sogrisan ソングニサン	백악산 baegagsan ベックアックサン
鶏竜山	大屯山	계룡산 gyeryongsan ケリョングサン	대둔산 daedunsan テトゥンサン
伽倻山	吐舎山	가야산 gayasan カヤサン	토함산 tohamsan トハムサン
八公山	智異山	팔공산 palgongsan パルゴングサン	지리산 jirisan チリサン
徳裕山	漢拏山	덕유산 deogyusan トックユサン	한라산 hanrasan ハルラサン
太白山	小白山	태백산 taebaegsan テベックサン	소백산 sobaegsan ソベックサン

| 破虜湖 | 山井湖 | 파로호
paroho
パロホ | 산정호
sanjeongho
サンチォングホ |
| 春川湖 | 永郎湖 | 춘천호
chuncheonho
チュンチォンホ | 영랑호
yeongrangho
ヨングラングホ |

29. 철도・고속도로선명

京釜線	京仁線	경부선 gyeongbuseon キョングブソン	경인선 gyeonginseon キョングインソン
京義線	京春線	경의선 gyeongeuiseon キョングイソン	경춘선 gyeongchunseon キョングチュンソン
中央線	湖南線	중앙선 jungangseon チュングアングソン	호남선 honamseon ホナムソン
忠北線	全羅線	충북선 chungbugseon チュングブックソン	전라선 jeonraseon チォルラソン
長項線	慶北線	장항선 janghangseon チァングハングソン	경북선 gyeongbugseon キョングブックソン
太白線	晋三線	태백선 taebaegseon テベックソン	진삼선 jinsamseon チンサムソン
東海南部線		동해남부선 donghaenambuseon トングヘナムブソン	
京釜高速道路	湖南高速道路	경부고속도로 gyeongbugosogdoro キョングブコソックトロ	호남고속도로 honamgosogdoro ホナムコソックトロ
嶺東高速道路	南海高速道路	영동고속도로 yeongdonggosogdoro ヨングトングコソックトロ	남해고속도로 namhaegosogdoro ナムヘコソックトロ

世界各国	国際連合	세계각국 segyegaggug セケカックック	UN yuen ユエン
北極	南極	북극 buggeug ブックグッ	남극 namgeug ナムグッ
アジア	ヨーロツパ	아시아 asia アシア	유럽 yureob ユロッブ
アメリカ	アフリカ	어메리커 eomerikeo オメリコ	아프리카 apeurika アプリカ
オセアニア	黄海	오세아니아 oseania オセアニア	황해 hwanghae ファングヘ
東海	オホーツク海	동해 donghae トングヘ	오호츠크해 ohocheukeuhae オホチュクヘ
太平洋	大西洋	태평양 taepyeongyang テピョングヤング	대서양 daeseoyang テソヤング
地中海	印度洋	지중해 jijunghae チチュングヘ	인도양 indoyang イットヤング
ベンガル湾	アラビア海	벵갈만 benggalman ベングカルマン	아라비아해 arabiahae アラビアヘ
ゴビ沙漠	モンゴル高原	고비사막 gobisamag コビサマック	몽고고원 monggogowon モングココウォン
シベリア	タリム盆地	시베리아 siberia シベリア	타림분지 tarimbunji タリムブンチ

チベット高原	白頭山	티베트고원 tibeteugoweon ティベトコウォン	백두산 baegdusan ペックトゥサン
モンブラン山	エベレスト山	몽블랑 mongbeulrang モングブルラング	에베레스트 ebereseuteu エベレスト
ヒマラヤ山脈	アルプス山脈	히말라야산맥 himalrayasanmaeg ヒマルラヤサンメック	알프스산맥 alpeuseusanmaeg アルプスサンメック
ウラル山脈	ボルガ川	우랄산맥 uralsanmaeg ウラルサンメック	볼가강 bolgagang ボルガカング
レナ川	アムール川	레나강 renagang レナカング	아무르강 amureugang アムルカング
ナイル川	コンゴ川	나일강 nailgang ナイルカング	콩고강 konggogang コングコカング
アマゾン川	ミシシッピー川	아마존강 amajongang アマチョンカング	미시시피강 misisipigang ミシシピカング
スエズ運河	パナマ運河	수에즈운하 suejeuunha スゥエズウッハ	파나마운하 panamaunha パナマウッハ

31. 世界の国名 — 31. 세계의 나라 이름

韓国	日本	한국 hangug ハンクッ	일본 ilbon イルボン
中国	トルコ	중국 junggug チュングクッ	터키 teoki トキ
カンボジア	ベトナム	캄보디아 kambodia カムボディア	베트남 beteunam ベトナム

ネパール	パキスタン	네팔 nepal ネパ_ル	파키스탄 pakiseutan パキスタ_ン
ビルマ	フイリッピン	버머 beomeo ボモ	필리펀 pilripin ピ_ルリピ_ン
マレーシア	ソビエト連邦	말레이지어 maleijieo マ_ルレイジオ	소련 soryeon ソリョ_ン
イギリス	フランス	영국 yeonggug ヨ_ングクッ	프랑스 peurangseu プラ_ングス
ドイツ	イタリア	독일 degil トギ_ル	이탈랴 italrya イタ_ルリャ
スイス	スペイン	쉬스 swiseu スゥィス	스페인 seupein スペイ_ン
ギリシヤ	デンマーク	그리스 geuriseu グリス	덴마크 denmakeu テ_ンマク
ノルウエー	フィンランド	노뤠이 norwei ノルゥェイ	핀런드 pinreondeu ピ_ンロ_ンド
スウエーデン	オランダ	쉬든 swideun スゥィド_ン	네더를란트 nedeoreulranteu ネト_ル_ルラッ_ト
ブルギー	ポーランド	벨기에 belgie ベ_ルキエ	폴런드 polreondeu ポ_ルロ_ンド
バルガリヤ	ハンガリー	블가리야 beulgariya ブ_ルガリヤ	헝거리 heonggeori ホ_ングコリ
チェコスロバキア	ユーゴスラビア	체코슬로바키아 chekoseulrobakia チェコス_ルロバキア	유고슬라비야 yugoseulrabiya ユゴス_ルラビヤ

アメリカ合衆国	カナダ	미국 migug ミクック	캐너더 kaeneodeo ケノト
テューバ	メキシコ	쿠바 kuba クバ	멕시코 megsiko メックシコ
アルゼンチン	ブラジル	아르헨티나 areuhentina アルヘンティナ	브라질 beurajil ブラチル
チリー	アラブ連邦	칠레 chile チルレ	아랍연방 arabyeonbang アラップヨンバン
エチオピア	オーストラリア	이디오피어 idiopieo イティオピォ	오스트레일러어 oseuteureilrieo オストレイルリヤ

32. 世界の主要都市名

32. 세계 주요도시 이름

ソウル	東京	서울 seoul ソウル	도오꾜 dooggyo トオキョ
北京	台湾	북경 buggyeong ブックキョン	대만 daeman テマン
ニューデリー	サイゴン	뉴델리 nyudelri ニュテルリ	사이곤 saigon サイゴン
マニラ	バンコク	마닐라 manilra マニルラ	뱅코크 baengkokeu ベングコク
プノンペン	カルカッタ	프놈펜 peunompen プノムペン	캘커터 kaelkeoteo ケルコト
モスクワ	ウラジオストク	모스크바 moskeuba モスクバ	블라디보스토크 beulradiboseutokeu ブルラティボストク

ロンドン	パリ	런던 reondeon ロンドン	파리 pari パリ
ベルリン	ローマ	베를린 beareulrin ベルリン	로마 roma ロマ
リスボン	マドリード	리스본 riseubon リスボン	마드리드 madeurideu マドリド
ストツクホルム	アムステルダム	스토콜름 seutokolreum ストコルル	암스테르담 amseutereudam アムステルダム
ワシントン	ニユーヨーク	워싱턴 weosingteon ウォシングトン	뉴요크 nyuyokeu ニュヨク
サンフランシスコ	ロスアンゼルス	샌프런시스코 saenpeureonsiseuko センプロンシスコ	로스앤질리즈 roseuaenjilrijeu ロスエンチルリズ
セントルイス	ボストン	샌틀루이스 saenteulruiseu セントルルイス	보스턴 boseuteon ボストン
オタワ	サンアントニア	오터와 oteowa オトワ	샌앤토니어 saenaentonieo センエントニオ
ハバナ	キャンベラ	아바나 abana アバナ	캔버러 kaenbeoreo ケンボロ
メルボルン	カイロ	멜번 melbeon メルボン	카이로 kairo カイロ

33. 形容詞

33. 형용사

| 大きい | 小さい | 크다
keuda
クタ | 작다
jagda
チャクタ |

多い	少ない	많다 manta マンタ	적다 jeogda チョクタ
長い	短い	길다 gilda キルタ	짧다 jjalda チャルタ
高い	低い	높다 nopda ノップタ	낮다 natda ナッタ
重い	軽い	무겁다 mugeobda ムコップタ	가볍다 gabyeobda カビョプタ
遠い	近い	멀다 meolda モルタ	가깝다 gaggabda カカップタ
深い	浅い	깊다 gipda キップタ	옅다 yeotda ヨッタ
広い	狭い	넓다 neolda ノルタ	좁다 jobda チョプタ
太い	細い	굵다 gulda クルタ	가늘다 ganeulda カヌルタ
速い	遅い	빠르다 bbareuda パルタ	더디다 deodida トティタ
強い	弱い	강하다 ganghada カングハタ	약하다 yaghada ヤックハタ
硬い	柔らかい	굳다 gudda クッタ	무르다 mureuda ムルタ
厚い	薄い	두텁다 duteobda トゥトップタ	얇다 yalda ヤルタ

濃い	淡い	짙다 jitda チッタ	엷다 yeolda ヨㇽタ
熱い	冷たい	뜨겁다 ddeugeobda トゥコッブタ	차갑다 chagabda チァコッブタ
明るい	暗い	밝다 bagda バㇰタ	어둡다 eodubda オトカッタ
良い	悪い	좋다 jota チョッタ	나쁘다 nabbeuda ナプタ
たかい （ねだんが）	やすい （〃）	비싸다 bissada ビサタ	싸다 ssada サタ
甘い	辛い	달다 dalda タㇽタ	쓰다 sseuda ッタ
早い（時 間が）	遅い （〃）	이르다 ireuda イルタ	늦다 neujda ヌッタ
正しい	間違って いる	맞다 majda マッタ	틀리다 teulrida トㇽリタ

34. 代名詞 / 34. 대 명 사

わたし	わたした ち	나 na ナ	우리 uri ウリ
あなた	あなたた ち	너（당신） neo（dangsin） ハ（タングシン）	너희들（당신네） neohideul（dangsinne） ノヒドㇽ（タングシンネ）
彼	彼女	그 geu グ	그녀 geunyeo グニョ

彼ら	これ	그들 geudeul グドゥル	이것 igeos イコッ
あれ	それ	저것 jeogeos チォコッ	그것 gcugeos グコッ
どれ	ここ	어느것 eoneugeos オヌコッ	여기 yeogi ヨギ
そこ	あそこ	저기 jeogi チォギ	거기 geogi コギ
どこ		어디 eodi オティ	

35. 擬態語   35. 의태어

パクパク （口を）	ズルズル	야금 야금（입을） yageum yageum ヤグム ヤグム	훌 훌（국물같 은것） hul hul フルフル
プリプリ	どろどろ	퉁퉁（화낼때） tung tung トゥングトゥング	걸게（찌개등） geolge コルケ
べっとり	がぶがぶ	축축이 chugchugi チュクチュギ	꿀꺽 꿀꺽 ggulggeog ggulggeog クルコック クルコッグ
ねちねち	ぶるぶる	진득 진득 jindeug jindeug チンドックチンドッグ	벌벌（떨다） beolbeol ボルボル
よろよろ	ぞろぞろ	누더기 nudeogi ヌトギ	졸졸（따라 오다） joljol チョル チョル
ずるずる	むっくり と	줄줄 juljul チュルチュル	벌떡（일어나다） beolddeog ボルトッグ

| こそこそ　くどくど | 살금 살금
salgeum salgeum
サルグム サルグム | 지리하게 (說敎)
jirihage
チリハケ |
| ぶっくさ　てきぱき | 어설피
eoseolpi
アソルピ | 척척 (處理)
cheogcheog
チョクチョク |

36. 擬声語　　36. 의성어

ニャーニャー　ワンワン	야옹 야옹 yaong yaong ヤオングヤオング	멍 멍 meong meong モングモング
ヒンヒン　モウモウ	이히힝 (馬) ihihing イヒヒング	움메 움메 (牛) umme umme ウムメ ウムメ
メーメー　ケロケロ	맴 맴 maem maem メム メム	개골 개골 gaegol gaegol ケコルケコル
コッコッ（鶏）　チンュチュン（雀）	꼬끼요 ggoggiyo コキョ	짹 짹 jjaeg jjaeg チェクチェク
ガアガア（あひる）　カアカア	곽 곽 gwag gwag クァククァク	깍 깍 ggag ggag カックカック
チリンチリン（鈴）　ドンドン（たいこ）	찌리링 jjiriring チリリング	둥 둥 dung dung トゥング トゥング

基本会話編

初献儀礼

基 本 会 話 編
(gibon hoihwapyeon)
キボンフェファペョン

1. 呼びかけ	**1. 말을 걸때**

もしもし，金さん．

여보시오, 김선생.①
yeobosio, gimseonsaeng.
ヨボシオ キムソンセング.

あの，すみませんが…．

저, 미안합니다만….
jeo, mianhamnidaman….
チォ, ミアンハムニダマン….

失礼ですが…．

실례입니다만….
silryeimnidaman….
シュレイムニダマン….

ちよつと…，

잠깐만…,
jamgganman,….
チャムカンマン….

ねえ，吉田さん．

여봐요, 요시다형.
yeobwayo, yosidahyeong.
ヨボァヨ, ヨシダヒォング.

おーい，鈴木君．

이봐, 스즈끼군.
ibwa, seujeuggigun.
イボァ, スズキクン.

（面倒だが）…してくれよ

…을 해주시오.
…eul haejusio.
…ウル ヘチュシオ.

---

① 韓国では「～さん」という場合，普通「～先生」または「～氏」を使う．
「～先生」は日本語ほどの敬称の意味をもっていない．もつと尊敬の意
味を含ませるためには「～先生님（ニム）」と言う．

はい，なんでしよう？

何かご用ですか？

どうぞおつしやってくだ
さい．

ええ，いいですとも．

そうですねえ．

さあわたしは知りません

いや，わたしにはできま
せん．

3. 応答の基本語句

ええ．

ええ，そうです．

ほんとにそうですね！

예, 뭐 라고요？
ye, mweoragoyo?
イェ，ムォラコヨ？

무슨 일이십니까？
museun ilisimnigga?
ムスッ イリシムニカ？

말씀하십시오.
malsseumhasibsio.
マルツムハシッッシオ.

네, 좋고말고요.
nye, jokomalgoyo.
ネ，チョコマルコヨ.

글쎄요.
geulsseyo.
グルセヨ.

글쎄요, 나는 모릅니다.
geulssaeyo, naneun moreumnida.
グルセヨ，ナヌッ モルムニダ.

아니요, 난 할 수 없읍니다.
aniyo, nan halsueobseumnida.
アニョ，ナッ ハルスゥオッッスムニダ.

3. 응답의 기본어귀

예, 네.
ye, nye.
イェ，ネ.

네, 그렇습니다.
nye, geureosseumnida.
ネ，グロッスムニダ.

정말, 그렇군요.
jeongmal. geureokunyo.
チョングマル，グロクンヨ.

おっしゃるとおりです.	옳은 말씀입니다. oleun malsseumimnida. オルン マルツムイムニダ.
承知しました.	알았읍니다. alasseumnida. アラッスムニダ.
はい，よくわかりました	예, 잘 알았읍니다. ye, jal alasseumnida. イェ, チァル アラッスムニダ.
ええ，けっこうです.	네네, 좋습니다. nye, nye, josseumnida. ネ, ネ, チョッスムニダ.
わたしもそう思います.	나도 그렇게 생각합니다. nado geureoke saenggakhamnida. ナト グロケ セッグカックハムニダ.
ええ，できます.	예, 할 수 있읍니다. ye, hal su isseumnida. イェ, ハルスゥイッスムニダ.
いいえ.	아니요. aniyo. アニョ.
いや，そうではありません.	아니, 그렇지 않습니다. ani, geureochi ansseumnida. アニ, グロチ アッスムニダ.
いいえ，違います.	아니요, 틀립니다. aniyo, teulrimnida. アニョ, トルリムニダ.
いえ，わたしは知りません.	아니, 나는 모릅니다. ani, naneun moreumnida. アニ, ナヌン モルムニダ.

4. 挨拶のいろいろ   4. 人事의 여러가지

| お早う. 奥さん. | 아주머니, 안녕하세요.
ajumeoni, annyeonghaseyo.
アチュモニ, アンニョッングハセヨ. |

こんにちは，だんなさん．

아저씨, 안녕하십니까.
ajeossi, annyeonghasimnigga.
アチォシ, アンニョングハシムニカ.

こんばんは，坊ちゃん．

안녕하세요. 도련님.
annyeonghaseyo, doryeonnim.
アンニョングハセヨ, トリョンニム.

おやすみなさい．

안녕히 주무십시오.
annyeonghi jumusibsio.
アンニョングヒ チュムシッシオ.

はじめまして．

처음 뵙겠읍니다.
cheoeum boibgesseumnida.
チォウム ベッケッスムニダ.

お目にかかってうれしく
思います．

뵙게되어 기쁩니다.
boibgedoieo gibbeumnida.
ベッケテオ キプムニダ.

しばらくでした．

오래 간만입니다.
oraeganmanimnida.
オレカンマッイムニダ.

ごきげんいかがです？

재미가 어떠십니까?
jaemiga eoddeosimnigga?
チェミカ オトシムニカ?

長い間ごぶさたしました．

꽤 오랫동안 격조했읍니다.
ggwae oraesdongan gyeogjohaesseumnida.
クェオレットングアン キョクチョヘッスムニダ.

ありがとう，とても元気です．

고맙습니다. 썩 잘있읍니다.
gomabseumnida. sseog jalisseumnida.
コマップスムニダ. ソック チァルイッスムニダ.

その後皆さんお達者ですか？

그뒤, 댁내(여러분)는 다 편
geudwi, daegnae(yeoreobun)neun da pyeon
グトゥィ テックネ(ヨロブン)ヌンタ ペョ

하십니까?
hasimnigga?
ンハシムニカ?

おかげさまで，一同無事です．

덕택으로 모두 잘있읍니다.
deogtaegeuro modu jalisseumnida.
トックテグロ モトゥ チァルイッスムニダ.

では，さようなら．

그럼, 안녕히 계십시오.
geureom, annyeonghi gyesibsio.
クロム、アンニョングヒ ケシッ**シオ**.

ごきげんよう．

안녕하십시오.
annyeonghasibsio.
アンニョングハシッ**シオ**.

幸運を祈ります．

행운을 빕니다.
haenguneul bimnida.
ヘングウヌル ビムニダ.

またお会いしましょう．

또(다음에) 만납시다.
ddo (daeume) mannabsida.
ト (タウメ) マンナッブシダ.

じゃ，またあとで．

그럼, 다음날….
geureom, daeumnal.
グロム、タウムナル.

5. 疑問の語句

5. 의 문 어

これは何ですか？

이것은 무엇입니까?
igeoseun mueosimnigga?
イコス, ムオシムニカ?

あの建物は何ですか？

저 건물은 뭣입니까?
jeo geonmureun mweosimnigga?
チォ コンムルウン ムォシムニカ?

何が欲しいのですか？

뭘 하시렵니까?
mweol hasiryeomnigga?
ムォル ハシロョムニカ?

何をしているですか？

무얼 하십니까?
mu eol hasimnigga?
ムォル ハシムニカ?

ここはどこですか？

여기는 어딥니까?
yeogineun eodimnigga?
ヨキヌッ オティムニカ?

それはどこにありますか

그것은 어디에 있읍니까?
geugeoseun eodieisseumnigga?
グコスッ オティエ イッスムニカ?

どこで買いましたか？	어디서 사셨읍니까？ eodiseo sasyeosseumnigga? オディソ サショッスㇺニカ？
どこへ行くのですか？	어디 가십니까？ eodi gasimnigga? オティ カシㇺニカ？
どこから来ましたか？	어디서 오셨읍니까？ eodiseo osyeosseumnigga? オティソ オショッスㇺニカ？
なぜですか？	왜 그렇습니까？ wae geureosseumnigga? ウェ グロッスㇺニカ？
なぜいけないんですか？	왜 안됩니까？ wae andoimnigga? ウェ アンテㇺニカ？
なぜ動かないのでしょう	왜 안움직이죠？ wae anumjigijyo? ウェ アンウㇺチキチョ？
なぜだかわかりますか？	왜 그런지 알겠읍니까？ wae geureonji algesseumnigga? ウェ グロッチ アㇽケッスㇺニカ？
どちらを選びますか？	어느 것을 고르시겠읍니까？ eoneu geoseul goreusigesseumnigga? オヌ コスㇽ コルシケッスㇺニカ？
どっちが安いのですか？	어느게 쌉니까？ eoneuge ssamnigga? オヌケ サㇺニカ？
どちらの道ですか？	어느 길입니까？ eoneu gilimnigga? オヌ キリㇺニカ？
あの人は誰ですか？	저 사람은 누구입니까？ jeo sarameun nuguimnigga? チォ サラムン ヌクイㇺニカ？
彼女は誰の妻君ですか？	저 여자는 누구의 아내입니까？ jeo yeojaneun nugueui anaeimnigga? チォ ヨチァヌン ヌクエ アネイㇺニカ？

これは誰の品物ですか？	이것은 누구의 물건입니까？ igeoseun nugueui mulgeonimnigga? イコスン ヌクエ ムルコンイムニカ？
誰に会いたいのですか？	누구를 만나려 하십니까？ nugureul manaryeo hasimnigga? ヌクルル マンナリョ ハシムニカ？
誰が書いたのですか？	누가 쓴 겁니까？ nuga sseun geomnigga? ヌカ ツッコムニカ？
この靴はいくらですか？	이 구두는 얼맙니까？ i guduneun eolmamnigga? イ クトゥスン オルマムニカ？
料金はいくらでしょう？	요금은 얼마죠？ yogeumeun eolmajyo? ヨグムン オルマチョ？
いくら払わなくてはなりませんか？	얼마를 드려야 됩니까？ eolmareul deuryoya doimnigga? オルマルル ドリョヤ テムニカ？
いくらでしたか？	얼마였죠？ eolmayeossjyo? オルマヨッチョ？
どういう字を書くのですか？	어떤 글자를 씁니까？ eoddeon geuljareul sseumnigga? オトン グルチァルル ツムニカ？
どういう具合いに開けるのですか？	어떻게 엽니까？ eoddeoke yeomnigga? オトケ ヨムニカ？
どういう気持ちがしましたか？	어떻게 느끼셨읍니까？ eoddeoke neuggisyeosseumnigga? オトケ ヌキショッスムニカ？
どのような類の人ですか？	어떻게 생긴 사람입니까？ eoddeoke saengginsaramimnigga? オトケ セングキンサラムイムニカ？

ありがとう．

고마와요. (감사해요)
gomawayo. (gamsahaeyo)
コマワヨ．（カ゜サヘヨ）

ありがとうございます．

고맙습니다. (감사합니다)
gomabseumnida (gamsahamnida
コマッスムニダ．（カ゜サハ゜ニダ）

ほんとに感謝します．

정말 감사합니다.
jeongmal gamsahamnida.
チォングマル カ゜サハ゜ニダ．

ご親切に対しお礼を申し
上げます．

베푸신 친절에 감사드립니다.
bepusin chinjeole gamsadeurimnida.
ベプシン チンチォレ カ゜サドリ゜ニダ．

いろいろお世話になりま
した．

여러가지로 신세졌읍니다.
yeoreogajiro sinsejyeosseumnida.
ヨロカチロ シンセチョッスムニダ．

ご好意は忘れません．

호의는 잊지 않겠읍니다.
hoeuineun ijji ankesseumnida.
ホイスン イッチ アンケッスムニダ．

お礼の言葉もありませ
ん．

뭐라고 감사드려야할지 모르
mweorago gamsadeuryeoyahalji moreugess-
モォラコ カ゜サドリ゜ヤハ゜チ モルケッ

겠읍니다.
eumnida.
スムニダ．

どういたしまして．

별말씀을 다….
byeolmalsseumeul da…
ビョルマルツムル タ…

いいえ，たやすいことで
す．

아니, 대단치도 않은 일입니
다.
ani, daedanchido aneun ilimnida.
アニ，テタンチト アンウン イリ゜ニダ．

いや，何もできませんで
した．

아니, 아무것도 도움이 돼드
ani, amugeosdo doumi dwaedeuriji
アニ，アムコット トウミ トェドリチ

리지 못했읍니다.
moshaesseumnida.
モッヘッスㇺニダ.

おはずかしい くらい で
す.
그저 부끄러울 뿐입니다.
geujeo buggeureoul bbunimnida.
グチォ ブクロウㇽ プンイㇺニダ.

お役に立ったでしよう
か?
도움이 돼셨을까요?
doumi dwaesyeosseulggayo?
トウミ トェショッスㇽカヨ?

7.　わびの表現と応じ方

7.　사과의 표현과 그 대답

ごめんなさい.
실례합니다. (실례해요)
silryehamnida. (silryehaeyo)
シㇽレハㇺニダ. (シㇽレヘヨ)

すみません.
죄송합니다. (미안합니다)
joisonghamnida. (mianhamnida.)
チェソンㇰハㇺニダ. (ミアンハㇺニダ)

ほんとに申し訳ありませ
ん.
정말 드릴말씀이 없읍니다.
jeongmal deurilmalsseumi eobsseumnida.
チォンㇰマㇽドリㇽマㇽツミ オッブスㇺニダ.

どうぞ①おゆるしくださ
い.
용서하십시오.
yongseohasibsio.
ヨンㇰソハシッブシオ.

心からおわびします.
정말 죄스럽습니다.
jeongmal joiseureobseumnida.
チォンㇰマㇽ チェスロッブスㇺニダ.

失礼しました.
실례했읍니다.
silyehaesseumnida.
シㇽレヘッスㇺニダ.

わたしが悪かつたので
す.
제가 잘못했(나빴)읍니다.
jega jalmotae (nabba) sseumnida.
チェカ チァㇽモッヘッ(ナバッ)スㇺニダ.

注意がたりませんでし
た.
조심이 부족했었읍니다.
josimi bujokaesseosseumnida.
チォシミ ブチョㇰヘッソッスㇺニダ.

---

① 韓国語では日本語の「どうぞ」にぴったりあてはまることばはない.

| お気を悪くしないでくだ | 기분 나빠 하지 마십시오. |
| さい． | gibun nabba haji masibsio.
キブンナパハチ マシッッシオ． |

| いいえいいんですよ． | 아니요, 괜찮습니다.
aniyo, gwaenchansseumnida.
アニョ，ケンチァンスㇺニダ． |

| どうぞご心配なく． | 격정마시오.
geogjeong masio.
コックチォングマシオ． |

| いやかまいませんよ． | 아니, 천만에요.
ani, cheonmaneyo.
アニ，**チォ**ンマネョ． |

| いいえ，こちらこそ． | 아니, 제가 할 말이지요.
ani, jega halmalijiyo.
アニ，チェカ ハル マリチョ． |

| そんなに気にしないでく | 너무 부담은 갖지 말아 주세 |
| ださい． | 요.
neomu budameun gajji malajuseyo.
ノム ブタムン カッチ マラチュセョ． |

| そんなことはありませ | 그런 일 없읍니다. |
| ん． | geureonil eobsseumnida.
グロンイㇽ オッブスㇺニダ． |

8. 依頼のいろいろ   8. 부탁의 가지가지

| お願いします． | 부탁드립니다.
butagdeurimnida.
ブ**タ**ックドリㇺニダ． |

| 恐縮ですが…． | 죄송합니다만….
joisonghamnidaman….
チェソングハㇺニタマン…． |

ちょっとおたずねします	잠깐 말씀 좀 여쭙겠읍니다
が…．	jamggan malsseum jom yeojjubgesseumnida チァㇺカン マルツㇺチョㇺ ヨ**チュ**ッケッ
	만. man… スㇺニタマン…

どうぞ教えてください.	(좀) 가르쳐 주십시오. (jom) gareuchyeo jusibsio. （チョム）カルチョチュシッッシオ.
申し訳けありませんが案内してください.	죄송합니다만, 안내해 주십시오. joisonghamnidaman, annaehae jusibsio. チェソングハムニダマン, アンネヘチュッシオ.
貸してください.	빌려주십시오. bilryeo jusibsio. ビルリョチュシッッシオ.
その本を見せてください.	그책 좀 보여 주세요. geuchaeg jom boyeojuseyo. グチェク チョム ボヨチュセヨ.
新聞を取ってくださいませんか？	신문 좀 갖다 주시지 않겠읍니까？ sinmun jom gadda jusiji ankesseumnigga? シンムン チョムカッタ チュシチ アンケッスムニカ？
ここに腰掛けてもよろしいですか？	여기 앉아도 괜찮습니까？ yeogi anjado gwaenchanseumnigga? ヨキ アンチァト ケンチァンスムニカ？
きっと来てくださいますか？	꼭 와 주시겠어요？ ggog wajusigesseoyo? コック ワチュンケッソヨ？
忘れずに彼に伝えてください.	잊지말고 그에게 전해주세요. ijjimalgo geuege jeonhaejuseyo. イッチマルコ グエケ チォンヘチュセヨ.
電話をかけてもらいたいと思います.	전화를 걸어 주셨으면 합니다. jeonhwareul geoleo jusyeosseumyeon hamnida. チォンファルル コロ チュショッスミョン ハムニダ.
李さんによろしく.	이형에게 안부전해 주시오. i hyeongege anbujeonhaejusio. イヒョングエケ アンブチォンヘ チュシオ.

わたしの希望です.　　저의 바람입니다.
jeoeui b..ramimnida.
チォエ　バラミ ㇺ ニダ.

彼が望んでいます.　　그가 바라고 있읍니다.
geuga barago isseumnida.
グカ　バラコイッスㇺニダ.

いますぐ帰りたい.　　이제 가야겠읍니다.
ije gayagesseumnida.
イチェ　カヤケッスㇺニダ.

9.　감정의 표현

とてもうれしいです.　　매우 기쁩니다.
maeu gibbeumnida.
メウ　キブㇺニダ.

こんな幸福なことはな　　이렇게 행복한 일은 없읍니
い.
ireoke haengboghanileun eobseumnida.
イロケ　ヘング　ボクハンイルッ　オッブスㇺ
다.
ニダ.

ああ，よかった.　　오, 좋았어！（아, 잘됐어！）
o, joasseo!　(a, jaldwaesseo!)
オ, チョアッソ！（ア, チァルトェッソ！）

ほんとに楽しかった.　　정말 즐거웠어！
jeongmal jeulgeoweosseo!
チォングマル　チュルコウォッソ！

おお！　　아！（오！）
a!　(o!)
ア！（オ！）

まあ！　　아이쿠！
aiku!
アイク！

やあ上できだ.　　이크！ 멋지게 됐어.
ikeu! meosjige dwaesseo.
イク！　モッチケトェッソ.

すばらしい.　　훌륭해.
hulryunghae.
フ ㇽ リュングヘ.

なんて運がいいんだろう．	정말 운 좋은데. jeongmal un joeunde. チョングマルウンチョウッテ.
これで安心だ．	이젠 안심이다. 마음 놓았다. ijen ansimida. maeumnoassda. イチェンアンシミダ. マウムノアッタ.
これは面白い！	이것 참 재미있다. igeos cham jaemiissda. イコッ チャム チェミイッタ.
うるさいなあ．	귀찮아！ gwichana! クィチャンア！
ばかをいうな．	바보소리 말아요. babosori malayo. バボソリ マラヨ.
言い訳無用．	변명 말아요. byeonmyeong malayo. ビンミョング マラヨ.
やかましい！	시끄러워！ siggeureoweo! シクロウォ！
もう我慢できない．	더 참을 수 없는데. deo chameul su eobneunde. ト チャムルスゥオッブヌンテ.
ああ，悲しい．	아, 슬프다. a, seulpeuda. ア. スルプタ.
何と悲しいことだろう．	얼마나 슬픈 일이야. eolmana seulpeuniliya. オルマナ スルブンイリヤ.
おどろいた．	놀랐는데. nolrassneunde. ノルラッスンテ.
なんてきれいなんだろう．	어쩜 저리 예쁠(고울)까？ eojjeom jeori yebbeul (goul) gga? オチョム チョリ イェプル(コウル)カ？

それは恐ろしい. | 그것은 무서워!
geugeoseun museoweo!
グコスッ ムソウォ!

残念至極だなあ. | 유감천만이군.
yugamcheonmanigun.
ユカムチョンマニクン.

心配でしかたない. | 격정되는데.
geogjeongdoineunde.
コックチォングテヌンテ.

困りました. | 곤란합니다.
golanhamnida.
コルランハムニダ.

10. 祝賀と慰問　　10. 축하와 위문

おめでとうございます. | 축하합니다.①
chukahamnida.
チュカハムニダ.

よろしゅうございました
ね. | 거참 잘됐군요.
geocham jaldwaessgunyo.
コォチァム チァルトェックンヨ.

よかったねえ. | 다행이군요.
dahaengigunyo.
タヘングイクンヨ.

気の毒です. | 안됐읍니다.
andwaesseumnida.
アントェッスムニダ.

それはあんまりです. | 건 너무하군요.
geon neomuhagunyo.
コン ノムハクンヨ.

かわいそうに. | 가엾게도.
gayeobgedo.
カヨッケト.

---

① 「경사스럽습니다.〈gyeongsaseureobseumnida／キョングサスロッブスムニダ〉」という. 目下のも
のには「축하해요.〈chukahaeyo／チュカヘヨ〉」と言う.

<table>
<tr><td>

どうぞ，ご自由に．

ご遠慮なくたくさんどうぞ．

さあ，もっと召しあがってください．

ごゆっくりどうぞ．

気をつかわないでください．

これをお使いなさい．

お言葉に甘えます．

どうぞ，おかまいなく．

それには及びません．

そうですか，遠慮なくいただきます．

</td><td>

편히하십시오.
pyeonhihasibsio.
ビョンヒハシップシオ.

사양말고 많이 드십시오.
sayang malgo mani deusibsio.
サヤングマルコ マニドシップシオ.

자, 더 드십시오.
ja, deo deusibsio.
チァ, ト ドシップシオ.

천천히 드십시오.
cheoncheonhi deusibsio.
チォンチォニ ドシップシオ.

체면차리지(괘념치) 마세요.
chemyeonchariji(gwaenyeomchi) maseyo.
チェミョンチァリチ(クェニョムチ)マセヨ.

이것을 쓰세요.
igeoseul sseuseyo.
イコスルツセヨ.

말씀대로 하겠읍니다.
malsseumdaero hagesseumnida.
マルツムテロ ハケッスムニダ.

어서 상관 마시고.
eoseo sanggwan masigo.
オソ サングクァンマシコ.

천만의 말씀을.
cheonmaneui malsseumeul.
チォンマネ マルツムル.

그렇습니까, 사양않고 먹겠
geureosseumnigga, sayanganko meoggessem-
グロッスムニカ, サヤングアンコ モッゥケ

읍니다.
nida.
ッスムニダ.

</td></tr>
</table>

大助かりです.

크게 도움이 됐읍니다.①
keuge doumi dwaesseumnida.
クケ トウミ トェッスュニダ.

12. 相づち, 問い返しの言葉

12. 묻고 되묻는 말들

うん, うん,(はあ, はあ
ええ, ええ)

응.
eung
ウング

なるほど.

아무렴.
amuryeom.
アムリョム.

そうですか.

그렇습니까?
geureosseumnigga?
グロッスュニカ?

え, 何ですって?

네, 뭐라구요?
nye mweoraguyo?
ネェ ムォラクヨ?

~と言ったのですか?

~라고 말씀하셨읍니까?
~rago malsseumhasyeosseumnigga?
…ラコ マルツュハショッスュニカ?

もうすこしゆっくり(大
きく)話してください.

좀 천천히(크게) 말씀해 주
jom cheoncheonhi(keuge) malsseumhae ju
チョム チォンチォニ(クケ) マルツュヘチュ
시오.
sio.
シオ.

もう一度言ってくださ
い.

다시 한번 말씀해 주세요.
dasi hanbeon malsseumhae juseyo.
タシ ハンボン マルツュヘ チュセヨ.

そんなことはないでしょ
う.

그럴리는 없겠지요.
geureolrineun eobgejjiyo.
グロルリヌン オップケッチヨ.

え, ほんとですか?

아니, 정말입니까?
ani, jeongmalimnigga?
アニ, チォングマルイュニカ?

---

① 「됐읍니다」는 「되었읍니다」의 短縮形である.

そうですともそうですとも。	그렇고 말고요. geureokomalgoyo. グロッコ マルコヨ.

13. つなぎの言葉   13. 이 음 말

しかしですよ…。	단, 그렇습니다만…. dan, geureosseumnidaman… ダン, グロッスムニダマン…
ところで，あなたのお名まえは？	그런데 당신 이름은？ geureonde dangsin ireumeun? グロッテ タングシンイルムン？
たとえばわたしの場合は…	말하자면, 나의 입장은… malhajamyeon, naeui ibjangeun… マルハチァミョン, ナエ イッチァンゥウン…
話は変わりますが。	딴 이야기입니다만… ddan iyagiimnidaman… タンイヤキイムニタマン…
そうですねえ。明日がよいでしょう。	그렇죠. 내일이 좋겠지요. geureochyo. naeili jokejjiyo. グロッチョ. ネイリ チョケッチョ.
というと，どちらでもよいと言うのですか？	그럼 그렇게 해도 좋습니까？ geureom, geureoke haedo josseumnigga? グロム, グロケ ヘト チョッスムニカ？
とに角，すぐ出掛けましょう。	어쨌든 빨리 갑시다. eojjaeddeun bbali gabsida. オチェッドン パルリ カップシダ.
まず第一に…。	우선 먼저…. useonmeonjeo… ウソン モンチォ…
実を言うと，まだ買ってないのです。	사실은 아직 안샀읍니다. sasileun ajig ansasseumnida. サシルン アチック アンサッスムニダ.
さて，次のスケジュールは？	그럼 다음 스케줄은？ geureom daeum seukejuleun? グロム タウム スケチュルン？
それはそうと…。	그건 그렇고…. geugeon geureoko… グコン グロッコ….

IV

日 常 会 話 編

慶州瞻星台

日　常　会　話　編

(ilsanghoihwapyeon)
イルサングフェファピョン

1.　日常会話のいろいろ	1.　일상회화의　여러가지

こんにちは，山田さん．

안녕하십니까，야마다선생．
annyeonghasimnigga, yamadaseonsaeng.
アンニョングハシムニカ，　ヤマタソンセ
ング．

よいお天気ですね．

좋은　날씨입니다．
joeun nalssiimnida.
チョウン　ナルシイムニダ．

しばらくでした．近ごろ
お元気ですか？

오래　못뵈었읍니다．　　요즘은 ①
oraemosboieosseumnida.　　yojeumeun
オレ　モッベオッスムニダ．　　ヨチュムン

건강하십니까？
ganghasimnigga?
オンカングハシムニカ？

どちらへお出かけです
か？

어디　가십니까？
geoneodi gasimnigga?
コオティ　カシムニカ？

近所まで買いものに行く
ところです．

가까운데　물건사러　가는　중
gaggaunde mulgeonsareo ganeun jung
カカウッテ　ムルコンサロ　カヌン　チュング

입니다．
imnida.
イムニダ．

友人を紹介します．井上
君です．

친구를　소개합니다．　　이노우
chingureul sogaehamnida.　　inou
チンクルル　　ソケハムニダ．　　イノウ

에　군입니다．
egunimnida.
エクンイムニダ．

---

① 「뵈었읍니다」は「보이었읍니다」の短縮形である．

はじめまして，どうぞよ
ろしく．

처음 뵙겠읍니다. 잘 부탁합
cheoeum boibgesseumnida. jal butagham
チョウㇺ ベッブケッスㇺニダ. チァㇽブタ
니다.
nida.
ックハㇺニダ.

①
あなたにお目かかってう
れしく思います．

뵙게 되어 기쁩니다.
boibge doieo gibbeumnida.
ベッブケテオ キブㇺニダ.

あなたのお名まえは？

성함은?
seonghameun?
ソングハムㇴ?

わたしは吉田と申しま
す．

②
(저는) 요시다라합니다.
(jeoneun) yosidarahamnida.
(チォヌㇴ) ヨシタラハㇺニダ.

いつしよに韓国語を勉強
している学友です．

함께 韓國語 공부를 하는 친
hamggae hangugeo gongburelhaneunching-
ハㇺケ ハンクックオ コングブルㇽハヌㇴ
구입니다.
uimnida.
チックイㇺニダ.

あなたの職業は何です
か．

당신의 직업은 무엇입니까?
dangsineui jigeobeun mueosimnigga?
タングシㇴエ チコォブㇴ ムオッイㇺニ力?

貿易会社に勤めていま
す．

무역회사에 근무합니다.
muyeoghoisae geunmuhamnida.
ムョックフェサエ グㇺムハㇺニダ.

韓国へは，いつ来ました
か？

한국엔 언제 오셨읍니까?
hangugen eonje osyeosseumnigga?
ハックックエㇴ オンチェ オショッスㇺニ
力?

三日前に，東京から来た
ばかりです．

사흘전 동경서 왔읍니다.
saheuljeon donggyeongseo wasseumnida.
サフㇽ チォン トングキョングソ ワッスㇺ
ニダ.

---

① 「あなた」ということばは韓国語ては「당신」になる．　しかし女性がこ
　れを男性にいう場合は大抵自分の夫をさすことになっている．
② 自分を卑下する時は「나는」よりは「저는」を使う．

当地には長く滞在なさる
のですか？

여기 오래 계십니까?
yeogi orae gyesimnigga?
ヨキ オレケシュニカ？

約2週間の予定です．

약 2 주일쯤 묵을 예정입니다.
yag ijuil jjeum mugeul yejeongimnida.
ヤック イチュイルチュュムグルイェチォン
グイュニダ．

仕事が終了したらあちこ
ち見学したいと考えてい
ます．

볼일이 끝나면 여기 저기 구
bolili ggeutnamyeon yeogi jeogi gugyeongi
ボルイリ クッナミョン ヨキチョキ クキョ

경이나할까 합니다.
nahalggahamnida.
ングイナハルカハュニダ．

あそこの喫茶店で話しま
しょう．

저기 있는 다방①으로 가 얘기
jeogi issneun dabangeuro ga yaeg
チョキ イッヌン タバングウロカ イェキ

합시다.
ihabsida.
ハッブシダ．

今日は忙しいのです．ま
た会いましょう．

오늘은 무척 바쁩니다. 다음
oneuleun mucheog babbeumnida. daeume
オヌルン ムチォックバプュニダ．タウメマン

에 만납시다.
mannabsida.
ナッブシダ．

そうですか．それは残念
です．

그렇습니까. 서운합니다.
geureoseumnigga, seounhamnida.
グロッスュニカ, ソウンハュニダ．

---

① 韓国ではきっさ店を 다방（茶房 dabang／ダバング）, 코피숍（kopisyob／コピショップ） と呼
ぶ．茶を飲んだり，音楽を聞いたり，待ち合わせなどいろいろな目的
で利用されている便利な場所である．日本のきっさ店のようにいろん
な軽食が用意されているようなことはない．軽食堂は別にあってそこ
ではコーヒーなども飲める．茶房で出すものはせいぜいトースト，ゆ
で玉子ぐらいである．韓国のきっさ店には普通，マダュ（마담）と言は
れる韓国衣裳（한복＝韓服）を着こなしている女性の指揮の下に茶を運
ぶレジー（레지）がいく人かいる．

お早うございます．呉さん．	안녕하십니까． 오선생． annyeonghasimnigga. oseonsaeng. アンニョングハシムニカ. オソンセング.
お早う．昨夜はよく眠れましたか？	안녕． 엊저녁에는 잘 주무셨 anyeong. eojjeonyeogeneun jaljumusyeosseu- アンニョング. オッチォニョケヌン チャル 읍니까？ mnigga? チュムシォッスムニカ？
おかげさまで，じゆうぶん休養しました．	덕분에 충분히 쉬었읍니다． deogbune chungbunhi swieosseumnida. トックブネ チュングブニ スゥィオッスムニダ.
昨日の市内見学は，いかがでしたか？	어제 시내 구경은 어땠읍니 eoje sinaegugyeongeun eoddaesseumni オチェ シネクキョングウン オテッスムニ 까？ gga? カ？
とても愉快でした．でもたくさん歩いたのでちょっと疲れました．	퍽 유쾌했읍니다． 하지만 많 peog yukwaehaesseumnida. hajiman mani ポックユクェヘッスムニダ. ハチマン マニ 이 걸어서 좀 피곤했읍니다． geoleoseo jom pigonhaesseumnida. コロソ チョム ピコンヘッスムニダ.
本日の午後出発なさいますか？	오늘 오후 떠나십니까？ oneul ohu ddeonasimnigga? オヌル オフ トナシムニカ？
ソウルと釜山に寄って帰国します．	서울과 부산을 들러 귀국합 seoulgwa busaneul deulreo gwigugham ソウルクァ ブサヌルドルロ クィクックハ 니다． nida. ムニダ.
滞留中のご親切を心から感謝します．	머무는 동안 맘써주신데 대 meomuneun dongan mamsseojusinde daehae モムヌン トングアン マムソ チュシンテ

해 진심으로 감사드립니다.
jinsimeuro gamsadeurimnida.
テヘ チンシムロ カムサドリムニダ.

幸運をお祈りします。ま
たおいでください。

평안히(잘) 가십시오. 또 오
pyeonganhi(jal) gasibsio. ddo o
ピョングアニ チァル カシップシオ. ト オ
십시오.
sibsio.
シップシオ.

あなたは日本へ行ったこ
とがありますか？

당신 일본에 가 보셨읍니까?
dangsin ilbone ga bosyeosseumnigga?
タングシン イルボネ カ ボショッスムニ
カ?

ヨーロツパには数回行き
ましたが日本へはまだ行
ったことがありません。

유럽은 여러번 갔었읍니다만
yureobeun yeoreobeon gasseosseumnidaman,
ユロブン ヨロボン カッソッスムニタマン,
일본은 아직 못갔읍니다.
ilboneun ajig mosgasseumnida.
イルボヌン アチック モッカッスムニダ.

あなたも，ぜひ日本へ来
られるようおすすめしま
す。

①
꼭 日本에 와 보시길 권합니
ggog ilbone wabosigil gweonhamnida.
コック イルボネワ ボシキル クォンハムニ
다.
ダ.

はい，将来かならず訪問
したいと思います。

네, 나중에 꼭 가보려고 생각
nye. najunge ggog gaboryeogo saenggag
ネ. ナチュングエ コックカボリョコ セン
하고 있읍니다.
hago isseumnida.
グカックハコ イッスムニダ.

よくいらっしやいまし
た。どうぞおはいりくだ
さい。いま夕食を終わっ
たところです。

어서오세요. 들어오세요. 방
eoseooseyo. deuleooseyo. ba-
オソオセヨ. ドロオセヨ. バン
금 지녁을 마쳤읍니다.
nggeumjeonyeogeul machyeosseumnida.
グム チョニョグル マチョッスムニダ.

おひまでしたら散歩に行
きませんか？

시간 있으시면 산책이나 안하
sigan isseusimyeon sanchaegina anha
シカン イッスシミョン サンチェキナ アン

---

① 会話では「당신은」は省くのが普通である。

시렵니까?
siryeobnigga?
ハシリョㇺニカ?

よろこんでお伴します。
今日の仕事は一つも残っ
ていません。いまは自由
時間です。

즐거이 동행하겠읍니다.　오
jeulgeoi donghaenghagesseumnida.　oneul
チュㇽコイ　トングヘングハケッスㇺニダ.

늘 일은 다 했읍니다. 지금은
ileun da haesseumnida. jigeumeun jayusi-
オヌㇽイㇽウッ　タ　ヘッスㇺニダ.　チグム

자유시간입니다.
ganimnida.
ンチァユシカンイㇺニダ.

どこを散歩しましょう
か？

어디를 산책하죠?
eodireul sanchaeghajyo?
オティㇽ　サンチェクハチョ?

公園と川岸とどちらがよ
ろしいですか？

공원과 물가중 어느 쪽이 좋
gongweongwa mulgajung eoneu jjogi josseu-
コングウォンクァ　ムㇽカチュング　オヌ　チ

습니까?
mnigga?
ョキ　チョッスㇺニカ?

市内見物のほうがよいいで
す。

시내구경하는 편이 좋겠읍니
sinae gugyeonghaneun pyeoni jokesseumni
シネ　クキョングハヌン　ピョニ　チョケッス

다.
da.
ㇺニダ.

もう帰らなくてはなりま
せん。

가지 않으면 안되겠네요.
gaji aneumyeon andoigessneyo.
カチアンウミョン　アンテケッネヨ.

気をつけてお帰りくださ
い。

조심해 가십시오.
josimhae gasibsio.
チョシㇺヘ　カシッㇷ゚シオ.

もしもし，駅へ行く道を
教えてください。

여보시오. 역으로 가는 길 좀
yeobosio. yeogeuro ganeun gil jom gareuc-
ヨボシオ.　ヨグロ　カヌンキㇽ　チョㇺカㇽチ

가르쳐 주십시오.
heojusibsio.
オチュシッㇷ゚シオ.

この先の四つ角を右に折れて，150メートルぐらい行つた左側です．	이앞 십자로를 오른쪽으로 돌아 150미터쯤 간 왼편입니다. iap sibjaroreul oreunjjogeuro dola ilbaego-sibmiteojjeum gan oinpyeonimnida. イ アッッシッッチァロルルオルンチォグロ トラ イルベックオシッッミト チュム カン オィンピッンイムニダ．
銀行までどのくらいかかりますか？	은행까지 얼마나 걸립니까? eunhaengggaji eolmana geolrimnigga? ウンヘングカチ オルマナ コルリムニカ？
徒歩で7分です．	걸어서 7분 걸립니다. geoleoseo chilbungeolrimnida. コロソ チルブンコルリムニダ．
この電車に乗ると，5番めの駅です．	이 전차를 타고 다섯번째 역임니다. i jeonchareul tago daseosbeonjjae yeogim-nida. イ チォンチァルル タコタソッボンチェヨキ ムニダ．
百貨店はこの道を行けばよいのですか？	백화점은 이길로 가면 됩니까? baeghwajeomeun igilro gamyeon doimni-gga? ベックファチォムン イキルロ カミョン ト ェムニカ？
そのとおりです．遠くはありません．	그대로 가십쇼. 멀지 않습니다. geudaero gasibsyo. meolji ansseumnida. グテロ カシッッショ． モルチ アンスムニ ダ．
新聞社はどこですか？	신문사는 어디입니까? sinmunsaneun eodiimnigga? シンムンサヌン オディイムニカ？
あなたは道を間違えましたよ．	길을 잘못 들었군요. gileul jalmosdeuleossgunyo. キルル チァルモッドロックンヨ．
この地図で教えてください．	이 지도로 좀 가르쳐 주세요. ijidoro jom gareuchyeo juseyo. イ チトロ チョムカルチョチュセヨ．

この地点からここまで200メートルくらいです.	이 지점에서 여기까지 이백 미터쯤 됩니다. i jijeomeseo yeogiggaji ibaeg miteojjeum doimnida. イ チチォメソ ヨキカチ イベッㇰミトチュㇺテュㇺニダ.
バスの通っている街路です.	버스가 다니는 길입니다. beoseuga danineun gilimnida. ボスガ タニヌン キリㇺニダ.
何番めの角を曲がるのですか? 目じるしになる建物を教えてください.	몇번째 모퉁이를 돕니까? 목표할만한 건물을 가르쳐 주십시오. myeochbeonjjae motungireul domnigga? mogpyohalmanhan geonmuleul gareucheo jusibsio. ミョッポンチェ モトゥンゲイルㇽ トㇺニカ? モックピョハルマンハン コンムルㇽ カルチョ チュシッㇷ゚シオ.
小さな袋小路があります. そのあたりで, もう一度誰かにお聞きになるとよいでしょう.	조그만 막다른 골목이 있읍니다. 그 근처에서 다시 물어보시면 되겠읍니다. jogeuman magdareun golmogi isseumnida. geugeuncheoeseo dasi muleobosimyeon doigessmnida. チョグマン マックタルン コㇽモキ イッスㇺニダ. グ グンチォエソ タシ ムロボシミョン トェケッスㇺニダ.
この近辺に食堂はありませんか?	이 근처에 식당은 없읍니까. i geuncheoe sigdangeun eobseumnigga? イ グンチォエ シックタンゲウン オッㇷ゚スㇺニカ.
そのビルのすぐ裏です. 狭い道です.	바로 그 빌딩 뒤입니다. 좁은 길입니다. baro geu bilding dwiimnida. jobeun gilimnida. バロ グ ビルディンㇰ トゥイイㇺニダ. チョブンキリㇺニダ.
電話局をご存知ですか?	전화국을 알고 계십니까? jeonhwagugeul algo gyesimnigga? チォンファクグㇽ アㇽコケシㇺニカ?

わたしもその方向へ行きます。いっしょに行きましょう。	나도 그쪽으로 갑니다. 같이 nado geujjogeuro gamnida.　gachi gab- ナト グチョグロ カムニダ. カチ カッッシ 갑시다. sida. ダ.
案内をしてくださいますか？ 安心しました。	안내해 주시겠읍니까. 안심 annaehae jusigesseumnigga. ansimhagesseu- アンネヘチュシケッスムニカ　アッシムハ 하겠읍니다. mnida. ケッスムニダ.
あなたのお家は何番地ですか？	당신 집은 몇번지입니까？ dangsin jibeun myeochbeonjimnigga? タングシンチブン ミョッボンチイムニカ.
寿松洞の13番地を探しているのです。	수송동의 십삼번지를 찾고 있 susongdongeui sibsambeonjireul chasgoisseu- スウソングドングエ シップサムボンチルル 읍니다. mnida. チァッコ イッスムニダ.
わたしもよく知らないのです。	나도 잘 모릅니다. nado jal moreumnida. ナト チァル モルムニダ.
この道をまっ直ぐに行くと，十字路があります。	이 길로 곧장가시면 네거리가 i gilro godjang gasimyeon negeoriga isseu- イキルロ コッチァングカシミョン ネコリ 있읍니다. nmnida. カ イッスムニダ.

——韓国内での旅の心得事項——

1. 一般市民の夜間通行禁止は，夜の12時から翌朝4時まで。韓国の夜の治安はよくまもられている。

2. 韓国の正式の呼称は大韓民国。

3. 韓国女性は親切である。東方礼儀国の礼儀なのである。

4. 日本への国際電話は申し込んでから約30分～60分かかる．局番なしに 117番に申請すれば日中は申し込んでだいたい 1時間，夜間（午後10時～午前8時）はもっと早く通話できる． 1通話（3分間）で2178원だが，夜間はディスカウントができる．

5. 国内航空，国鉄とも切符の予約は早いほどよい．

6. 飲食店では， 辛さ甘さ加減をあらかじめ注文することにこしたことはない．

7. お土産など買う場合は，あわてずゆっくり買うこと．

2. 言語について   2. 말에 대하여

あなたは日本語が話せますか？

당신은 일본말 하실줄 아십
dangsineun ilbonmal hasiljul asimnigga?
タングシヌン　イルボンマル　ハシルチュル
니까？
アシュニカ？

いいえ，話せません．

아니요, 못합니다.
aniyo, motamnida.
アニョ，モッハムニダ.

あなたはどこの国の言葉を知っていますか？

당신은 어느나라 말을 알고
dangsineun eoneunaramaleul algo gyesim
タングシヌン　オヌナラマルヌ　アルコ ケシ
계십니까？
nigga?
ムニカ？

わたしは外国語は全く知りません．

나는 외국어는 전혀 모릅니
naneun oigugeoneun jeonhyeo moreumnida.
ナヌン　ウェクックオヌン　チォンヒョ モル
다.
ムニダ.

英語は理解できますか？

영어는 이해하십니까？
yeongeoneun ihaehasimnigga?
ヨングオ ヌン　イヘハシュニカ？

英語は，少しはわかりま
す。

영어는 조금 압니다.
yeongeoneun jogeum amnida.
ヨングオヌン チョグムアムニダ.

わたしも同様です。

나역시 일반입니다.
nayeogsi ilbanimnida.
ナヨックシ イルバニムニダ.

では英語と韓国語のちや
んぽんで話してくださ
い。そのほうが都合がい
いです。

그럼 영어와 한국어를 섞어
geureom yeongeowa hangugeoreul seoggeo-
グロム ヨングオワ ハンクックオルル ソッ

서 말씀해 주십시오. 그편이
seo malsseum haejusibsio. geupyeoni joke-
ッコソ マルッスム ヘチュシッッシオ. グピ

좋겠읍니다.
sseumnida.
ヨニ チョケッスムニダ.

あなたは，韓国語をどこ
で習いましたか？

당신은 한국어를 어디서 배
dangsineun hangugeoreul eodiseo baewsye-
タングシヌン ハンクックオルル オディソ

우셨읍니까？
osseumnigga.
ベウショッスムニカ？

大学で勉強しました。

대학에서 배웠읍니다.
daehageseo baeweosseumnida.
テハックエソ ベウォッスムニダ.

韓国語は読むことはでき
ますがうまく話せませ
ん。

한국어를 읽을 수는 있어도
hangugeoreul ilgeulsuneunisseodo maleun
ハンクックオルル イルグルスゥヌン イッ

말은 잘 못합니다.
jal motamnida.
ソト マルッ チァルモッハムニダ.

とくに発音がむづかしい
ですね。

특히 발음이 어렵습니다.
teuki baleumi eoryeobseumnida.
トックヒ バルミ オリョッスムニダ.

いいえ，あなたの発音は
よいですよ。

아니요, 당신의 발음은 좋습
aniyo, dangsineui baleumeun josseumnida.
アニョ, タングシネ バルムン チョッスム

니다.
ニダ.

もう少しゆっくり話して
ください。

좀, 천천히 말씀해 주십시오.
jom, cheoncheonhi malsseumhae jusibsio.
チョム, チォンチォニ マㇽツㇺヘチュシッ
ㇷシオ.

すみません。もう一回言
ってください。

죄송합니다만 다시한번 말씀
joisonghamnidaman dasihanbeon malsseum-
チェソングハㇺニダマ ン タシハン ボ ンマㇽ

해 주십시오.
hae jusibsio.
ツㇺヘ チュシッㇷシオ.

あとの部分を繰り返して
ください。

끝 부분을 다시한번 얘기해 주
ggeut bubuneul dasihanbeon yaegihae ju
クッブブヌㇽ タシハンボ ン イェキヘチュ

주세요.
seyo.
セヨ.

こんどは全部理解できま
した。

이제는 전부 이해하겠읍니다.
ijeneun jeonbu ihaehagesseumnida.
イチェヌ ン チォンブ イヘハケッスㇺニダ.

その言葉を知りません。
この辞典でその語句を引
いてください。

그 말은 모르겠읍니다. 이 사
geu maleun moreugesseumnida. i sajeoneseo
グ マㇽㇺ モルケッスㇺニダ. イ サチォネ

전에서 (어귀를) 찾아 주십
시오.
(eogwireul)chaja jusibsio.
ソ(オクィルㇺ)チァチァチュシッㇷシオ.

この字はどう 読みます
か？

이 자는 어떻게 읽습니까?
i janeun eoddeoke igseumnigga?
イ チァヌ ン オトケ イックスㇺニカ?

その言葉をこの紙に書い
てくれませんか？

그 말을 이 종이에 써 주시
geu maleul i jongie sseo jusiji ankesseum-
グ マルㇻ イ チョングイエ ソチュシチア

지 않겠읍니까？
nigga?
ンケッスㇺニカ?

これは, 韓国語でどうい
いますか？

이것은 한국말로 무어라 합
igeoseun hangugmalro mueora hamnigga?
イコスㇺ ハンクックマㇽロ ムオラ ハㇺニ

니까？
カ?

どなたか日本語のわかる
人はいませんか？

어느 분이든 일본말 아시는분
eoneu buni deun ilbonmal asineun bun an
オヌブニドン イルボンマル アシヌンブン

안계십니까?
gyesimnigga?
アンケシュニカ？

恐れいりますが，通訳し
てください。

죄송합니다만 통역좀 해주세
joisonghamnidaman tongyeogjom haejuseyo.
チェソングハムニダマン トングヨックチョ

요.
ムヘチュセヨ.

ほかの単語で言ってくだ
さい。

다른 단어로 말씀해 주십시
오.
dareun daneoro malsseumhae jusibsio.
タルン タンオロ マルツムヘ チュシッブシ
オ.

——よくわからないとき——

　韓国には，50代以上の人には日本語の話せる人もい
ますが，日本語を知らない相手から韓国語を聞きとる
ことは容易ではありません。ききかえすときは「예？」
と先を上げていいます。下げると返事の「はい」になっ
てしまいます。よくわからないときは，「여기 적어주
십시오yeogi jeogeojusibsio
ヨギチョコチュシッブシォ」（ここに書いてください）と
頼みましょう。

ソウル行の便を調べてく
ださい。

午前10時発です。

서울행 편을 알려 주세요.
seoulhaeng pyeoneul alryeo juseyo.
ソウルヘング ピョヌル アルリョチュセヨ.

오전 열시에 떠납니다.
ojeon yeolsie ddeonamnida.
オチョン ヨルシエ トナムニダ.

その次の便は何時発ですか？	그 다음 편은 몇 시에 뜨죠. geu daeum pyeoneun myeossie ddeujyo? グ タウㇺ ピョヌㇴ ミョッシエ トゥチョ？
当日売りがありますか？	당일 파는 것이 있읍니까？ dangil paneungeosi isseumnigga? タングイㇽ パヌㇴコシ イッスㇺニカ？
国際線のチェックインはここでよいのですか？	국제선의 체킹이 여깁니까？ gugjeseoneui chekingi yeogimnigga? クックチェソㇴエ チェキングイ ヨキㇺニカ？
この予約を取り消したいのです。	이 예약을 취소하고 싶습니다. i yeyageul chwisohago sipseumnida. イ イェヤグㇽ チゥィソハコ シップスㇺニダ.
46便に変更してください	46편으로 바꿔주시오. sasibyugpyeoneuro baggweojusio. サシッブユックピョヌロ バクォチュシオ.
お気の毒ですが，46便は満員です．	대단히 안됐읍니다마는 46편은 만원입니다. daedanhi andwaesseumnidamaneun sasibyugpyeoneun manweonimnida. テタニ アットェッスㇺニタマヌㇴ サシッブユックピョヌㇴ マンウォンイㇺニダ.
キャンセルはないでしょうか？	취소한 좌석은 없는가요？ chwisohan jwaseogeun eobneungayo? チゥィソハㇴ チゥァソグㇴ オッブヌㇴカヨ？
（アナウンス）32便にご搭乗の方は，お急ぎください．	（어나운스）32편에 타실 분은 속히 타 주십시오. (eonaunseu) samsibipyeone tasil buneun soki ta jusibsio. （オナウンス）サㇺシッブイピョネ タシㇽ ブヌㇴソック キ タ チュシップシオ.
32便は何番ゲートですか？	32편의 입구는 몇번입니까？ samsibipyeoneui ibguneun myeochbeonimnigga. サㇺシッブイピョネ イップクヌㇴ ミョッ ボンイㇺニカ？

この便は，ソウルに何時に到着しますか？	이 편은 서울에 몇시에 도착 i pyeoneun seoule myeochsie dochaghamni- イ ピョヌッ ソウゥエ ミョッシエ トチァ 합니까？ gga? ックハュニカ？
乗り継ぎはどこですか？	어디서 바꿔 탑니까？ eodiseo baggweo tamnigga? オティソ バクォタュニカ？
わたしの荷物は全部で5個です。	나의 하물은 전부 다섯개입 naeui hamuleun jeonbu daseosgaeimnida. ナエ ハムルッ チォンブ タソッケイュニ 니다. タ.
この鞄は自分で持って行きます。	이 가방은 내가 가지고 가겠 i gabangeun naega gajigo gagesseumnida. イ カバッグウッ ネカ カチコ カケッスュ 읍니다. ニダ.
超過料金は必要ですか？	초과요금을 물어야 합니까？ chogwa yogeumeul muleoya hamnigga? チョクァヨグムル ムロヤ ハュニカ？
時刻表を1部ください。	시간표 한장 주시오. siganpyo hanjang jusio. シカッピョ ハンチァングチュシオ.
離陸後しばらくの間は禁煙です。	이륙후 잠싯동안은 금연입니 iryughu jamsisdonganeun geumyeonimnida. イリュックフ チァュシットングアヌッ グ 다. ュヨンイュニダ.
座席についているベルトを締めてください。	좌석에 붙어 있는 벨트를 매 jwaseoge buteo issneun belteureul maeeo チゥァソケ ブットイッヌッ ベルトルュメ 어 주세요. juseyo. オチュセヨ.
キャンデーはいかがですか？	캔디를 드시겠읍니까？ kaendireul deusigesseumnigga? ケンディルルドシケッスュニカ？

いま欲しくありません.
冷たい飲みものをくださ
いませんか？

지금은 생각없읍니다.　시원
jigeumeun saenggageobseumnida. siweon-
チグムン　センッカックオッッスムニタ. シ

한 마실것을 주실 수 없읍니
han masil geoseul jusil su eobseumnigga?
ウォンハン　マシルコスル　チュシルスゥオ

까？
ッブスムニカ？

スチュアーデスさん，窓
際の席に移ってもよいで
しょうか？　空いていま
すか？

스튜어디스양，　창가 자리로
seutyueudiseuyang, chang ga jariro omgye-
ストュオティスヤング　チャングカチャリロ

옮겨 앉아도 됩니까？ 빈자
oanjado doimnigga? binjariimnigga?
オムキョ　アンチァト　テムニカ？ ビンチァ

리 입니까？
リ　イムニカ？

今日の**新聞**と雑誌を貸し
てください.

오늘 신문과 잡지를 좀 빌려
oneul sinmungwa jabjireul jom bilryeo
オヌル　シンムンクァ　チァァチルルチョム

주시오.
jusio.
ビルリョチュシオ.

気分が悪いのですが，な
にか薬がありますか？

기분이 나쁜데 무슨 약은 없
gibuni nabbunde museon yageun eobseumni
キブニ　ナプッテ　ムスン　ヤグン　オッブス

읍니까？
gga?
ムニカ？

いま高度はどのくらいで
すか？　速度は？

지금 고도는 얼마정돕니까？^①
jigeum godoneun eolma jeongdomnigga?
チグム　コトヌン　オルマ　チォンタトムニ

속도는？
sogdoneun?
カ？ ソックトヌン？

これは何のために用いる
袋ですか？

이건 뭐에 쓰는 주머닙니까？^②
igeon mweoe sseuneun jumeonimnigg?
イコォン　ムォエ　ツヌン　チュモニムニカ？

---

① 「정돕니까」は「정도입니까」の短縮形である.
② 「뭐에」は「무엇에」の短縮形である.

間もなくソウル空港に着陸します。	조금 있으면 서울공항에 도착 jogeom isseumyeon seoulgonghange dochag チョグムイッスミョン ソウルコングハング 합니다. hamnida. エト チァックハムニダ.
手荷物の受け取り場所を教えてください。	수하물 찾는 곳을 가르쳐 주 suhamul chajneun goseul gareucheo jusib スゥハムルチァッヌンコスル カルチョチュ 십시오. sio. シッシオ.
空港から市内への連絡バスはありますか？	공항에서 시내로 가는 연락 gonghangeseo sinaero ganeun yeonragbeo- コングハングエソ シネロ カヌン ヨンラッ 버스는 있읍니까？ seuneun isseumnigga? ッボスヌン イッスムニカ？
タクシー乗り場はどこでしょうか？	택시 타는곳은 어디입니까？ taegsi taneungoseun eodiimnigga? テックシ タヌンコスン オディイムニカ？

タクシーは市内だけがメーター制

韓国のタクシーは市内ではメーター制で，最初の 0.5km まで200원（ウオン），以後 300 m ごとに 30 원増しですが，　市外へ行くときは別に交渉します。運転手には別にチップはいりませんが，少額のおつりのときはとらないのがふつうです。ところで，午前零時から4時までの夜間外出禁止中は，タクシーも通れないので，ホテルへ帰る足を失わぬよう注意します。

ドライバーが雇えます

マイカーで乗入れても，　交通ルールの ちがいや地理の 不案内な韓国で思うように車を運転することはたいへんです。疲れたときは，韓国人のドライバーを雇った方がもっとも安全

で能率的です．いまのところ，釜山（ブサン）のフェリーで世
話していますが，費用は1日3,000원（ウオン）程度です．

4. 船　　旅	**4.** 기선 여행

釜山行の船は何番埠頭か
ら出ますか？

부산행 배는 몇번 부두에서
busanhaeng baeneun myeochbeon budueseo
ブサンヘングベヌン　ミョッボン　ブトゥエ

떠납니까?
ddeonamnigga?
ソトナムニカ？

乗船開始は何時からです
か？

승선은 몇시부터 입니까?
seungseoneun myeochsibuteoimnigga?
スングソヌン　ミョッシブトイムニカ？

もう乗りはじめています．

벌써 타기 시작했읍니다.
beolsseo tagi sijaghaesseumnida.
ボルソ　タキ　シチャクヘッスムニダ．

出帆は何時ですか？

출범은 몇시입니까?
chulbeomeun myeochsiimnigga?
チュルボムン　ミョッシイムニカ？

30分ばかり遅れる見込み
です．

30분가량 늦을것 같습니다.
samsibbungaryang neujeulgeos gatseumnida.
サムシップブンカリャング　ヌズルコッカッ
スムニダ．

途中の寄港地はどこです
か？

도중의 기항지는 어딥니까？①
dojungeui gihangjineun eodimnigga?
トチュングエ　キハングチヌン　オディムニ
カ？

特別船室に移りたいので
すが？

특별 선실로 옮기고　싶은데
teugbyeol seonsilro omgigo sipeundeyo?
トックビョルソンシルロ　オムキコシブッテ
요？
ヨ？

デッキゴルフの予約方法
を教えてください．

갑판 골프의 예약방법을 가르
gabpan golpeueui yeyagbangbeobeul gareu-
カップバンコルプエ　イェヤックバングボブ

---

① 「어딥니까」는 「어디입니까」가 縮まった形である．

	쳐 주십시오. chyeojusibsio. ㄹカルチョチュシッブシオ.
映画は 何時に 始めます か？	영화는 몇시부터 합니까？ yeonghwaneun myeochsibuteo hamnigga? ヨングファヌン ミョッシブト ハムニカ？
この船から電報が打てま すか？	이 배에서 전보칠 수 있읍니 i baeeseo jeonbochil su isseumnigga? イ ベエソ チォンボチル スゥ イッスムニ 까？ カ？
事務室で係員にお申し込 みになられたらよろしい でしょう。	사무실의 계원에게 신청하시 samusileui gyeweonege sincheonghasimyeon サムシルエ ケウォンエケ シンチォンダハ 면 되겠지요. doigessjiyo. シミョン トェケッチヨ.
わたしの食事時間は何時 に決まりましたか？	나의 식사시간은 몇시로 결 naeui sigsasiganeun myeochsiro gyeoljeong ナエ シックサシカヌン ミョッシロ キョル 정됐읍니까？ dwaesseumnigga? チォングトェッスムニカ？
船酔いがひどいので医務 室につれていってくださ い。	배멀미가 심하니 의무실로데 baemeolmiga simhani euimusilro deryeoda- ベモルミガ シムハニ イムシルロ テリョタ 려다 주시오. jusio. チュシオ.
救命用具の使用法を習い たいのです。	구명대의 사용법을 배우고싶 gumyeongdaeeui sayongbeobeul baeugosip クミョングテエ サヨングボブル ベウコ シ 습니다. seumnida. ッブスムニダ.
甲板に上がってみましょ う。	갑판에 올라가 봅시다. gabpane olraga bobsida. カップパネ オルラカ ボップシダ.

きょうの海は静かです
ね。

オヌルエ　バダヌンチァンチァンハネヨ．
오늘의 바다는 잔잔하네요.
oneuleui badaneun janjanhaneyo.
オヌ_ルエ　バタヌ_ンチァンチァンハネヨ．

あの鳥は何という鳥でし
ょう？

저 새는 뭐라는 새입니까?
jeo saeneon mweoraneun saeimnigga?
チォセヌ_ン　ムォラヌ_ン　セイ_ムニカ？

はるかに島影が見えます
ね。

멀리 섬 그림자가 보이네요.
meolri seom geurimjaga boineyo.
モ_ルリ　ソ_ム　グリ_ムチァカ　ボイネヨ．

たぶん韓国半島の南岸で
しょう。

아마 한국반도의 남안이겠지
요.
ama hangugbandoeui namanigessjiyo.
アマ　ハ_ンクックバ_ントエ　ナマ_ンイケッチ
ョ．

船の旅はいかがでした
か？

배로 여행하는 맛은 어땠읍
baero yeohaenghaneun maseon eoddaesseum-
ベロ　ヨヘ_ングハヌ_ンマス_ン　オッテッス_ム
니까?
nigga?
ニカ？

ええ，とても快適でした
船旅は空の旅よりずっと

네, 퍽 유쾌했읍니다. 배로
ne, peog yukwaehaesseumnida. baero yeoh-
ネ，ポック　ユクェヘッス_ムニダ．ベロ　ヨヘ

——ドライバの船内手続——

　　ドライバーは出航と同時に次の書類を渡される。①
自動車一時輸入申請書，② 自動車保険加入申込み書，
③ 仮免許申請書は，　先に用意した免許書のコピーを
添えて船内の案内に提出すれば，下船と同時に免許書
が出来あがっている。

---

① 「뭐라는」は「무엇이라고하는」の短縮形である。

楽しいです.

여행하는 것은 비행기여행보
aeng haneun geoseun bihaenggiyeohaeng
ングハヌンコスン ビヘングキヨヘングボタ

다 훨씬 즐겁습니다.
boda hweolssin jeulgeobseumnida.
フォルシン チュルコップスムニダ

5. 税　関　で

5. 세관에서

日本円と米ドルと，旅行
小切手を持っています.

일본 엥과 미국 달러와 여행
ilbon enggwa migug dalreowa yeohaengja
イルボンエングクァ ミクック ダルロワ ヨ

자 수표를 가지고 있읍니다.
supyoreul gajigo isseumnida.
ヘングチァスゥピョルン カチコ イッスム
ニダ.

このカバンの中味は全部
身の回り品です.

이 가방 속에는 전부 일용품
i gabang sogeneun jeonbu ilyongpumbbuni-
イ カバングソケヌン チォンブ イルヨン

뿐입니다.
mnida.
グプムプンイムニダ.

この時計とカメラは，友
人への土産ものです.

이 시계와 카메라는 친구에
i sigyewa kameraneun chinguege jul seon-
イ シケワ カメラヌン チンクエケ チュル

게 줄 선물입니다.
mulimnida.
ソンムルイムニダ.

これはわたしが自分で使
う品です. 職業柄必要品
なのです.

이것은 내가 쓰는 물품 입니
igeoseun naegasseuneun mulpumimnida.
イコスン ネガツヌン ムルプムイムニダ.

다. 직업상 필요한 물건입니
jigeobsang pilyohan mulgeonimnida.
チクォブサング ビルヨハン ムルコンイム

다.
ニダ.

貴金属の類は持参してい
ませんか？

귀금속 같은 것은 지참하지
gwigeumsog gateungeoseun jichamhaji an-
クィグムソックカットン コスン チチァム

않으셨읍니까？
eusyeosseumnigga.
ハチアヌショッスムニカ？

わたし自身の装飾品以外は持っていません．	내 몸의 장식품 이외에는 갖지 naemomeui jangsigpumiieneungajjianasseu- ネモメ チャングシック プュイオィエヌ ンカ 않았읍니다． mnida. ッチ アナッス ュニダ．
この指輪は日本でいくらでお買いになりましたか？	이 반지는 일본서 얼마에 사 i banjineun ilbonseo eolmae sasingeomnigga? イバンチヌン イルボンソ オルマエ サシン 신겁니까？ コ ュ ニカ？
これは知人からの贈りものです．	이것은 친구에게서 선물로 받 igeoseun chinguegeseo seonmulro badeun- イコスッ チンクエケソ ソンムルロ パドン 은 겁니다． geomnida. ュ ュ ニダ．
旅行目的は観光です．	여행목적은 관광입니다． yeohaengmogjeogeun gwangwangimnida. ヨヘングモックチォグン クァンクァングイ ュ ニダ．
このトランクの内容は何ですか？	이 트렁크의 내용은 무엇입 i teureongkeueui naeyongeun mueosimnig- イ トロ ングクエ ネヨ ングウン ムオッイュ 니까？ ga? ニカ？
どうぞ開けて調べてください．	어서 열고 검사해 주십시오． eoseo yeolgo geomsahae jusibsio. オソ ヨルコ コュサヘ チュシ ュ シオ
この洋服は新品ですね．どこで手に入れましたか？	이 양복은 신품이네요． 어디 i yangbogeun sinpumineyo. eodiseo guha- イ ヤングボグン シップュイネヨ． オディ 서 구하셨읍니까？ syeosseumnigga? ソ クハショッス ュニカ？
あなたの所持品は免税にします．	당신의 소지품은 면세로하겠 dangsineui sojipumeun myeonsero hagesse- タングシネ ソチプムン ミョ ンセロ ハケッ

必要な書類は全部用意し
ています。

一部に課税しなくてはな
りません。

읍니다.
umnida.
スムニダ.

필요한 문서는 전부 준비했
pilyohan munseoneun jeonbu junbi haesseu
ピルョハン ムンソヌン チョンブ チュンビ
읍니다.
mnida.
ヘッスム ニダ.

일부는 과세하지 않으면 안
ilbuneun gwasehaji aneumyeon andoigesse-
イルブヌン クァセハチ アヌミョン アント
되겠읍니다.
umnida.
エケッスムニダ.

——免税の基準——

　旅行者の携帯する旅行中必要なものや職業上必要と
認められるもの，または商品でないと認められるもの
は免税です。免税の基準は，一例をあげると，使用中
のラジオ，カメラ，8ミリカメラ，デープレコーダー1
台，フイルム10本，巻たばこ200本，酒2本，といった
ぐあいです。このほか持ちこみたいのがあれば，旅行
社などで事前に調べましょう。

※ 持ち込み禁止物品　　① 社会，風俗を乱すような書籍類，
フイルム，彫刻物など。② 政府の機
密に触れるような諜報に関する物品。　③ 貨幣，債券，有
価証券など，偽造品，変造品など。　④ 共産国にて生産さ
れ発行された物品。⑤ 武器，弾薬，麻薬類。⑥ その他韓
国法令にて輸入が禁止されている物品。

税金の額は合計でいくら になりますか？	세액은 전부(합계) 얼마나 됩 seaegeun jeonbu(habgye) eolmana doimnig- セエグン　チョンブ（ハ_ッケ）　オルマナト 니까？ ga? ェ_ムニ力？
関税の対象にはならない と聞いていましたが？	관세대상에 들지 않는다고 들 gwansedaesange deulji anneundago deul クヮ_ンセテサ_ングエ　ド_ルチ　ア_ンヌ_ンタコ 었읍니다만？ eosseumnidaman? ド_ルオッス_ムニタマ_ン？

6. 汽　　車 / 6. 기　　차

光州行の切符1等2枚く ださい。	광주행표 1등 두장 주시오. kwangjuhaengpyo ildeung dujang jusio. クヮ_ングチュヘ_ング**ピョ**　イ_ルド_ングトゥチ ア_ングチュシオ.
この汽車は座席指定券が 必要ですか？	이 기차는 좌석 지정권이 필 i gichaneun jwaseogjijeonggweoni pilyo イ　キチァヌ_ン　チゥァソ_ッ　チチォ_ングク 요합니까？ hamnigga? オ_ンイピリョハ_ムニ力？
次の汽車は　何時発です か？	다음기차는　몇시에　떠납니 까？ daeum gichaneun myeochsie ddeonamnigga? タゥ_ムキチァヌ_ン　ミョッシエ　トナ_ムニ力？
乗り場は　何番ホームで すか？	타는곳은 몇번 폼입니까？ taneun goseun myeochbeon pomimnigga? タヌ_ンコス_ン　ミョッポ_ンポ_ムイ_ムニ力？
車内でも急行券が買える のですか？	차 안에서도 급행권을 살 수 chaaneseodo geubhaenggweoneul sal su チァアネソト　グ_ップヘ_ングクォヌ_ル　サ_ル 있읍니까？ isseumnigga? スゥイッス_ムニ力？
急行は大田駅に停車しま すか？	급행이 대전역에 섭니까？ geubhaengi daejeonyeoge seomnigga? グ_ップヘ_ングイ　テチォ_ンヨケ　ソ_ムニ力？

この切符で**途中下車**が許されますか？

이 표로 도중하차했다 다시
i pyoro. dojunghachahaessda dasi sseulsu-
イ ピョロ トチュングハ チャヘッタ タシツ

쓸 수 있읍니까？
issemnigga?
ルスゥ イッスムニカ？

この切符の有効期間は三日です。

이 표의 유효기간은 3 일입니다.
i pyoeui yuhyogiganeun samilimnida.
イ ピョエ ユヒョキカスン サミルイムニダ.

あなたはどこまでいらっしゃるのですか？

당신은 어디까지 가십니까？
dangsineun eodiggaji gasimnigga?
タングシヌン オディカチ カシムニカ？

車掌さんは巡回してくるでしょうか？

승무원이 올까요？
seungmuweoni olggayo?
スングムウォンイ オルカヨ？

裡里駅まであと何時間くらいかかるでしょう？

이리역까지는 지금부터 몇시
iriyeogggajineun jigeumbuteo myeochsigan
イリヨッ カチヌン チグムブト ミョッ シカ

간 걸릴까요？
geolrilggayo?
ン コルリルカヨ？

裡里駅で麗水行の汽車に接続しますか？

이리역에서 여수행 기차와 접
iriyeogeseo yeosuhaeng gichawa jeobsog-
イリヨケソ ヨスゥヘング キ チァワ チォォ

속됩니까？
doimnigga?
ソックトェムニカ？

車掌が来たときにわたし
が聞いてあげます．

승무원이 오면 내가 물어 보
seungmuweoni omyeon naega muleo boges-
スヶンムウォニ オミョン ネカ ムロボケ
겠읍니다．
seumnida.
ッスㅁニダ．

食堂車は何輛めですか？

식당차는 몇째 칸입니까？
sigdangchaneun myeochjjae kanimnigga?
シックタング チァヌン ミョッチェカンイㅁ
ニカ？

前から3番めの車輛で
す．

앞에서 세째칸입니다．
apeseo sejjaekanimnida.
アペソ セチェ カンイㅁニダ．

7. バス・タクシー

7. 버스・택시

バス・ターミナルはどこ
ですか？

버스종점(터미널)은　어딥니
beoseujongjeom(teomineol) eun eodimnigga?
ボスチョングチォㅁ(トミノㄹ) ウンオディ
까？
ㅅニカ？

東大門の目の前です．

동대문 바로 앞입니다．
dongdaemun baro apimnida.
トングテムン バロ アピㅁニダ．

乙支路1街まではどのく
らいありますか？

을지로1가까지는 얼마나 됩
euljiro ilgaggajineun eolmana doimnigga?
ウㄹチロ イㄹカカチヌン オㄹマナ トㅔ
니까？
ニカ？

バスで13分です．タクシ
ーなら5分もかからない
でしょう．

버스로 13분 걸립니다．택시
beoseuro sibsambun geolrimnida. taegsiron·
ボスロ シッッサㅁブンコㄹリㅁニダ．テッ
로는 5분도 안걸릴거예요．
eun obundo angeolrilgeoyeyo.
クシロヌン オブット アッコㄹリㄹコイェ
ヨ．

徒歩でも，たいした距離
ではありません．

걸어도 대단한 거리는 아닙
니다.
geoleodo daedanhan georineun animnida.
コロト テタッハン コリヌン アニㇺニダ.

タクシー，コリアナホテ
ルまで行ってください．

택시，　코리아나호텔까지 갑
시다.
taegsi, koriana hotelggaji gabsida.
テックシ, コリアナホテㇽ カチ カップシダ.

あのポストのところを，
右に曲がってください．

저 우체통 있는데서 오른쪽
jeo uchetong issneundeseo oreunjjogeurodol-
チォ ウチェトングイッヌンテソ オルンチ

으로 돌아주시오.
ajusio.
ョグロ トラチュシオ.

ちよつと停めてくださ
い．

좀 세워주시오.
jom seweojusio.
チォㇺ セウォチュシオ.

この店でくわしく教えて
もらいましょう．

이 가게에서 자세히 물어 봅
시다.
i gageeseo jasehi muleobobsida.
イ カケエソ チァセヒ ムロボップシダ.

買いものをするあいだ待
ってくれますか？

물건을 사는동안 기다려 주
mulgeoneul saneundongan gidaryeojusigess-
ムㇽコヌㇽ サヌントングアン キタリョ チ

<hr>

——ソウルのホテル——

　ソウルは，東京・上海・ボンベイにつぐアジア第4
番目の，　人口 600万を越す 大都会です．　近世李氏王
朝以後 600年来の首都としての古さと近代の息吹きが
調和する観光都市ソウルには，伝統ある有名なホテル
も多くあります．あらかじめ旅行社に頼んで，希望条
件にかなったホテルを予約してください．

	시겠읍니까? eumnigga? ュシケッスﻟニカ?
忘れものを思い出しまし た・もう一度ホテルに引 き返してください・	잊어버리고 안갖고 나온게 있 ijeobeorigo angajgo naonge issgunyo. イチォボリコ アﻟカッコ ナオﻟケ イック 군요. 다시 호텔로 돌아가 주 지오. dasi hotelro dolagajusio. ﻟヨ. タシ ホテﻟロ トラカチュシオ.
メーター料金はいくらに なりましたか？	미터요금이 얼마 나왔읍니 까? miteoyogeumi eolma nawasseumnigga? ミトヨクミ オﻟマ ナワッスﻟニカ?

8. 四季の会話

8. 사철의 회화

きょうの天気はどうでし ょう？	오늘 일기가 어때요?[①] oneul ilgiga eoddaeyo? オヌﻟ イﻟキカ オテヨ.
きようは暖かいし，風も ありません・	오늘은 따뜻하고 바람도 없 oneuleun ddaddeushago baramdo eobgunyo. オヌﻟﻟ タトッハコ バラﻟト オッﻟク 군요. ﻟヨ.
きょうは午前中は天気が 悪いが，午後からは晴れ るかも知れない・	오늘은 오전에는 날씨가 나 oneuleun ojeoneneun nalssiga nabbeuna ohu- オヌﻟﻟ オチォネヌﻟ ナﻟシカ ナプナ オ 쁘나 오후부터는 갤지도 모 릅니다. buteoneun gaeljido moreumnida. フブトヌﻟ ケﻟチト モﻟﻟニダ.
春になりました・柳がと ても美しい・	봄이 됐읍니다. 버들이 퍽 아 bomi dwaesseumnida. beodeuli peog areum ボミ トェッスﻟニダ. ボドリ ポックアﻟ

---

① 「어때요」는 「어떠해요」의 短縮形である・

름답군요.
dabgunyo.
ㅁタップクンヨ.

もう日中は暑いくらいです。	벌써 낮은 더울 정도입니다. beolsseo najeun deoul jeongdoimnida. ボㇽソ　ナズン　トウㇽ　チォングトイㇺニダ.
春と夏はどちらがお好きですか？	봄과 여름중 어느 계절이 좋 bomgwa yeoreumjung eoneu gyejeoli jo- ボㇺクァ　ヨルㇺチュング　オヌ　ケチォリチ 습니까？ seumnigga. ョッスㇺニカ？
日本の夏は暑いですね。	일본의 여름은 덥군요. ilboneui yeoreumeun deobgunyo. イㇽボネ　ヨルムン　トップクンヨ.
きょうは非常にむし暑い。何度ですか？	오늘은 대단히 무덥군요. 몇 oneuleun daedanhi mudeobgunyo. myeochd- オヌルン　テタニ　ムトップクンヨ.　ミョッ 도입니까？ o imnigga? トイㇺニカ？
きょうの気温は 28 度です。	오늘의 기온은 28도입니다. oneuleui gioneun isibpaldoimnida. オヌレ　キオヌン　イシッパㇽトイㇺニダ.
雨が降ったから夕方は涼しくなるでしょう。	비가 와서 저녁때는 시원하 bigawaseo jeonyeogddaeneun siweonhagess- ビカワソ　チォニョク　テメン　シウォンハケ ① 겠죠. jyo. ッチョ.
天気予報によると，明日はきょう以上に暑くなるそうです。	일기예보에 의하면 내일은 오 ilgiyeboe euihamyeon naeileun oneulboda イㇽキイェボエ　イハミョン　ネイルン　オヌ ② 늘보다 더 덥답니다. deo deobdamnida. ㇽボタ　ト　トップタㇺニダ.

---

① 「…겠죠」는「…겠지요」의 短縮形である。
② 「…답니다」는「…다합니다」의 短縮形である。

あなたは水泳が得意です	당신 수영 잘 하십니까?
か？	dangsin suyeong jal hasimnigga?
	タッグシンスゥヨングチァルハシムニカ？

いいえ，全く泳げないん	아니요, 헤엄은 전혀 못칩니
です．	aniyo, heeomeun jeonhyeo moschimnida.
	アニョ，ヘオムンチォンヒョモッチム二
	다.
	ダ.

みなさん海水浴はいつ始	당신들은 언제부터 해수욕을
めますか？	dangsindeuleun oenjebuteo haesuyogeul
	タッグシッドルン オッゼブト ヘスゥヨグ
	합니까？
	hamnigga?
	ルハムニカ？

7月中旬から始めます．	7월 중순부터 하기 시작합
	chilweol jungsunbuteo hagi sijaghamnida.
	チルウォル チュングスゥブト ハキ シチ
	니다.
	アクハムニダ.

朝夕すっかり涼しくなり	아침 저녁으론 완연히 서늘해
ましたね．	achim jeonyeogeuron wanyeonhi seoneulhae-
	アチムチォニョグロッ ワンヨンヒ ソヌル
	졌읍니다.
	jyeosseumnida.
	ヘ チョッスムニダ.

田畠は，見渡すかぎり黄	전답은 끝없이 황금빛이군
金色です．	jeondabeun ggeuteobsi hwanggeumbichigu-
	チォッタブン クッオッッシ ファンググム
	요.
	nyo.
	ビッチクッョ.

韓国の秋祭りを思い出し	한국의 한가위가 생각힙니다.
ます．	hangugeui hangawiga saenggagkimnida.
	ハンクックエ ハンカウィガ センクカッ
	キムニダ.

月がきれいだ．雲が流れ	달은 밝고 구름은 흩어지고.
ている．	daleun baggo gureumeun heuteojigo.
	タルン バックコ クルムッ ホトチョ.

ホームシックになりましたか？	홈시크가 됐읍니까? homsikeuga dwaesseumnigga? ホムシクガ トェッスムニカ？
月を見ているとさびしい気持ちになります.	달을 보니 쓸쓸한 기분이 듭니다. daleul boni sseulsseulhan gibuni deumnida. タルル ボニ ツルツルハン キブニドゥムニダ.
空は晴れていますが，風が吹いています.	하늘은 맑은데 바람이 부는군요. haneuleun malgeunde barami buneungunyo. ハヌルン マルグンテ バラミ ブヌンクンヨ.
寒い朝です. 雪がたくさん降っています.	오늘 아침은 꽤 춥습니다. 함박눈이 펑펑 쏟아집니다. oneul achimeun ggwaechubseumnida. hambagnuni peongpeongssodajimnida. オヌル アチムン クェチュプスムニダ. ハムバックヌニ ポンッポンッ ソタチムニダ.
きょうは，今年最高の寒さです.	오늘이 금년들어 가장 춥습 oneuli geumnyeondeuleo gajang chubseum- オヌリ グムニョンドロ カチァンッ チュプ

——理　髪　店——

理髪店はたいていのホテルの中にもありますが，サービスの点では街の理髪店がよいのです. ソウル中心部のたいていの理髪店は日曜休みですからウィークデーを費さねばなりません. 調髪・ひげそり・洗髪ともで500～600원(ウォン)くらいですが，理髪店でも 100～200원程度の おつりのときはチップとしてとらないのがよいでしょう.

니다.
nida.
ス▪니다.

池も川も凍ってしまいま
した。

못이나 내가 전부 얼어 붙었
mosinanaega jeonbu eoleo buteosseumnida.
モシナ ネガ チョンブ オロ ブットッス▪
읍니다.
ニダ.

気温は零下18度です。

기온은 영하 18도입니다.
gioneun yeongha sibpaldoimnida
キオヌン ヨングハ シップパルトイ▪ニダ.

手や足が冷たくて，痛い
ほどです。

손과 발이 시려서 아플 지경
songwa bali siryeoseo apeuljigyeong.
ソングァ バリ シリョソ アプ▪チキョング
입니다.
imnida.
イ▪ニダ.

風邪をひかないように注
意してください。

감기 들리지 않게 주의하십시
오.
gamgi deulriji anke jueuihasibsio.
カ▪キドルリチ アンケ チュイハシップシ
オ.

わるい感冒が流行してい
ます。

악성독감이 유행하고 있읍니
agseong doggami yuhaenghago isseumnida.
アックソング トック力ミ ユヘングハコイ
다.
ッス▪ニダ.

9.

9.

すみません，いま何時で
すか？

미안합니다. 지금 몇시입니
까？
mianhamnida. jigeum myeochsiimnigga?
ミアンハ▪ニダ.チグ▪ミョッシイ▪ニ力？

ちょうど午前9時です。

정각 오전 아홉시입니다.
jeonggag ojeon ahobsiimnida.
チョング力ックオチォン アホップシイ▪ニ
ダ.

わたしの時計では，9時20分すぎです．	나의 시계는 9시 20분입니다. naeui sigyeneun ahobsi isibbunimnida. ナエ シケヌン アホッシ イシップブンイムニダ.
ぼくの時計は，9時10分前です．	내 시계는 9시 10분전입니다. nae sigyeneun ahobsisibbunjeonimnida. ネ シケヌン アホッシ シップブンチォンイムニダ.
あなたの時計は進んでいます．	당신 시계는 빠릅니다. dangsin sigyeneun bbareumnida. タングシン シケヌン パルムニダ.
いや，あなたの時計が遅れているのでしょう．	아니, 당신 시계가 늦겠지요. ani, dangsin sigyega neujgessjiyo. アニ，タングシン シケガ ヌッケッチョ.
出発は何時の予定ですか？	몇시에 떠날 예정입니까? myeochsie ddeonal yejeongimnigga? ミョッシエ トナルイェチォングイムニカ？
午後3時半です．	오후 3시반입니다. ohu sesibanimnida. オフ セシバンイムニダ.
夕方の6時までには完了します．	저녁 6시까지는 다 되겠읍니다. jeonyeog yeoseossiggajneun da doigesseumnida. チォニョク ヨソッシ カチヌン タ トェケッスムニダ.
4時に家を出れば間に合います．	4시에 집을 나가면 맞겠읍니다. nesie jibeul nagamyeon majgesseumnida. ネシエ チブル ナガミョン マッケッスムニダ.
もう二時間も経過しました．	벌써 두시간이 지났읍니다. beolsseo dusigani jinasseumnida. ボルソ トゥシカンイ チナッスムニダ.
間もなく4時になりますよ．	곧 네시가 되겠읍니다. god nesiga doigesseumnida. コッ ネシガ トェケッスムニダ.

1 時15分前から2時7分過ぎまで待ちました．	한시 15분전부터 2시 7분이 넘도록 기다렸읍니다.
	hansi sibobunjeonbuteo dusichilbuni neomd-orog gidaryeosseumnida.
	ハンシ シップオブンチョンブト トゥシチ ルブニ ノ▲トロックキタリョッス▲ニダ.
帰宅は夜遅くなるかも知れません．	집에 돌아가실 시간이 늦지 않을는지 모르겠읍니다.
	jibe dolagasil sigani neujji aneul neunji moreugesseumnida.
	チブェ トラカシル シカニ ヌッチ アンヌ ルヌッチ モルケッス▲ニダ.
きょうは何日ですか？	오늘은 며칠입니까?
	oneuleun myeochilimnigga?
	オヌルン ミョチリ▲ニカ？
本日は5月6日です．	오늘은 5월 6일입니다.
	oneuleun oweol yugilimnida.
	オヌルン オウォル ユキルイ▲ニダ.
きょうは何曜日ですか？	오늘은 무슨 요일입니까?
	oneuleun museun yoilimnigga?
	オヌルン ムスン ヨイリ▲ニカ？
月曜日です．	월요일입니다.
	weolyoilimnida.
	ウォリョイルイ▲ニダ.
今月の例会は来週の金曜日です．	이번 달의 정례회는 내주 금요일입니다.
	ibeon daleui jeongryehoineun naeju geum-yoilimnida.
	イボンタルエ チォングレフェヌン ネチュ グミョイルイ▲ニダ.
来月の19日は，何曜日ですか？	내달 19일은 무슨 요일입니까?
	naedal sibguileun museun yoilimnigga?
	ネタル シップクイルン ムスン ヨイリ▲ニカ？
再来週の月曜日は，何日になりますか？	다음 다음주 월요일은 며칠
	daeum daeumju weolyoileun myeochilimni-
	タウ▲ タウ▲チュ ウォリョイルン ミョチ

音楽会は何日ですか？	입니까？ gga? リㇺ二カ？

音楽会는 며칠입니까？
eumaghoineun myeochilimnigga?
ウㇺアックフェヌン ミョチルイㇺ二カ？

会合は何時から何時まで
ですか？

회의는 몇시부터 몇시까지입
hoieuineun myeochsibuteo myeochsiggajiim-
フェイヌン ミョッシブト ミョッシカチイ

니까？
nigga?
ㇺ二カ？

朝8時から正午まで続く
に違いありません．

아침 8시부터 정오까지 계속
achim yeodeolsibuteo jeongoggaji gyesogd-
アチㇺ ヨトㇽシブト チョングオカチ ケソ

될 것이 틀림없읍니다．
oil geosi teulrimeobseumnida.
ックトェㇽコシ トㇽリㇺオップスㇺ二ダ．

ちょうどよい時間です．

마침 좋은 시간입니다．
machim joeun siganimnida.
マチㇺ チョウン シカンイㇺ二ダ．

8月は休日がいく日あり
ますか？

8월의 휴일은 며칠이나 됩니
palweoleui hyuileun myeochilina doimni-
パㇽウォレ ヒュイルン ミョチリナ トェㇺ

까？
gga?
二カ？

日曜日が4日，それに祝
祭日が1日あります．

일요일이 4일，　거기다 경축
ilyoili sail, geogida gyeongchugili haru-
イリョイリサイㇽ，　コギタ キョングチュ

일이 하루 있읍니다．
isseumnida.
キリ ハルイッスㇺ二ダ．

学校は，　7月の下旬から
夏の休暇になります．

학교는 7월 하순부터 여름방
haggyoneun chilweolhasunbuteo yeoreum-
ハックキョヌン チㇽウォㇽ ハスゥンブト

학이 됩니다．
banghagi doimnida.
ヨルㇺバングハキ トェㇺ二ダ．

あなたは何歳ですか？

당신은 몇 살이십니까？
dangsineun myeochsalisimnigga?
タングシヌン ミョッサルイシュニカ？

35歳です．1939年生まれです．

서른 다섯 살입니다． 1939년
seoreun daseossalimnida. ilgusamgunyeonsa-
ソルン タソッサルイムニダ. イルクサムク

생입니다．
engimnida.
ニョンセングイムニダ.

わたしより4歳年長です．

나보다 네 살 연장이십니다．
naboda nesal yeonjangisimnida.
ナボタ ネサル ヨンチャングイシュニダ.

わたしのほうが年下だと思いました．

내가 연하인줄 알았읍니다．
naega yeonhainjul alasseumnida.
ネカ ヨンハインチュルアラッスムニダ.

ご子息の誕生日はいつですか？

자제의 생일은 언젭니까？
jajecui saengileun eonjemnigga?
チァチェエ センクイルン オンチェムニカ？

1966年9月15日です．年齢は8歳です．

일구육육년 구월 십오일입니
ilguyugyugnyeon guweol siboilimnida.
イルクユックユックニョン クウォルシボイ

다． 여덟 살입니다．
yeodeolsalimnida.
ルイムニダ. ヨトルサルイムニダ.

わたしの娘と同じ年です．

내 딸과 동갑이군요．
nae ddalgwa donggabigunyo.
ネタルクァ トングカビクンヨ.

ご家族は，何人ですか？

가족은 몇이십니까？
gajogeun myeochisimnigga?
カチョグン ミョチシュニカ？

妻と子ども3人です．男の子が2人で，他の1人が女の子です．

아내와 아이들 셋입니다． 사
anaewa aideul sesimnida.
アネワ アイドル セシムニダ.

내가 둘이고 남은 하나는 딸
sanaega duligo nameun hananeun ddal
サネカ トゥルイコ ナムン ハナヌン タル

	입니다. imnida. イムニダ.
両親がまだ健在ですから 全部で7人です．	양친이 아직 건재하시니까, yangchini ajig geonjaehasinigga, ヤングチニ アチック コンチェハシニカ, 전부 일곱식구입니다. jeonbu ilgobsigguimnida. チョンブ イルコップシッククイムニダ.
1人の娘は，もう結婚し ました．	딸 하나는 벌써 결혼했읍니 ddal hananeun beolsseo gyeolhonhaesseum- タル ハナヌン ボルソ キョルホンヘッスム 다. nida. ニダ.
きみは，小学校の生徒で すか？	너는 국민학생이냐？ neoneun gugminhagsaenginya? ノヌン クックミンハックセングイニャ？
ぼくは中学生です．	저는 중학생입니다. jeoneun junghagsaengimnida. チォヌン チュングハックセングイムニダ.
わたしの夫は，新聞社の 記者です．	나의 남편은 신문사의 기자 naeui nampyeoneun sinmunsaeui gijaimnida. ナエ ナムピョヌン シンムンサエ キチァ イ 입니다. ムニダ.
兄は工場の技師で，弟は 学校の教師です．	형은 공장의 기사이고, 동생 hyeongeun gongjangeui gisaigo, dongsaeng ヒョングウン コングチァングエ キサイコ, (아우)은 학교 선생입니다. (au)eun haggyo seonsaen- トングセング (アウ)ウン ハックキョ ソン gimnida. セングイムニダ.
あなたの姉さんは，看護 婦ですか？	자네 누이는 간호원인가？ jane nuinun ganhoweoninga? チァネ ヌイヌン カンホウォンインガ？

たしか，妹さんはバスの車掌さんでしたね？

누이동생은 버스 차장이었지, ama?
nuidongsaengeun beoseu chajangieossji, ama?
ヌイトングセングウン ボス チァチァング

아마?
イオッチ, アマ?

昨年大学を卒業して，現在病院勤めです．

작년에 대학을 졸업하고 지
jagnyeone daehageul joleobhago jigeum bye-
チァクニョネ テハグル チョルオッブハコ

금 병원에 근무하고 있읍니
ongweone geunmuhago isseumnida.
チグム ビョングウォネ グンムハコ イッス

다.
ムニダ.

祖母は59歳ですが，祖父はもう70歳です．

할머님은 59세입니다만, 할
halmeonimeun osibguseimnidaman, halabe-
ハルモニムン オシックセイムニダマン,

아버지는 벌써 70셉니다.
ojineun beolsseo chilsibsemnida.
ハラボチヌン ボルソ チルシッブセムニダ.

母はわたしが赤ん坊のとき死にました．

어머님은 내가 갓난아이때 돌
eomeonimeun naega gasnanaiddae dola
オモニムン ネガ カッナンアイテ トラカシ

아가셨읍니다.
gasyeosseumnida.
ョッスムニダ.

父は生きています．今年80歳です．

아버님은 생존해 계십니다.
abeonimeun saengjonhae gyesimnida.
アボニムン セングチョンヘケシムニダ.

올해 여든이십니다.
olhae yeodeunisimnida.
オルヘ ヨドゥンイシムニダ.

とても80歳には見えません．

도저히 80세론 보이지 않습
dojeohi palsibseron boiji anseumnida.
トチォヒ パルシッブセロン ボイチ アッス

니다.
ムニダ.

元気なので若く見えるの
です。

원기가 좋으셔서 젊어 보입
weongiga joheusyeoseo jeolmeoboimnida.
ウォンキカ チョウショソ チォルモ ボイ
니다.
ニダ.

11. 郵便局・電報局で

11. 우체국・전보국에서

切手を売ってください。

우표 파십시오.
upyo pasibsio.
ウピョ パシッッシオ.

20円切手5枚，10円切手
2枚。

20원짜리 다섯장하고 10원짜
isibweonjjari daseosjanghago sibweonjjaari-
イシッッウォン チァリ タソッチァンッハコ
리 두장.
dujang.
シッッウォン チァリトゥチァンッ.

便箋と封筒はありますか

편지지와 봉투 있읍니까?
pyeonjijiwa bongtu isseumnigga?
ピョンチッチワ ボンットゥ イッスムニカ?

郵便葉書30枚 を くださ
い。

엽서30장만 주십시오.
yeobseo samsibjangman jusibsio.
ヨッッソ サムシッッチァンッマン チュシ
ッッシオ.

この手紙を速達で出した
いのです。速達料金はい
くらかかりますか？

이 편지 속달로 부치려고 하
i pyeonji sogdalro buchiryeogo haneunde
イピョンチ ソックタルロ ブチリョコ ハヌ
는데 속달요금은 얼마나 됩
니까?
sogdalyogeumeun eolmanadoimnigga.
ンテ ソックタルヨグムン オルマナトェ
ニカ?

小包の郵送はここで受け
付けますか？

소포우송은 여기서 받습니
까?
sopousongeun yeogiseo badseumnigga?
ソポ ウソンッウン ヨキソ パッスムニカ?

日本への航空郵便は，高
価ですか？

일본으로 부치는 항공우편은
ilboneuro buchineun hanggongupyeoneun
イルボヌロ ブチスン ハンッコンッウピョ

	비쌉니까? bissamnigga? ヌンビサ ム ニ カ?
この為替で現金を受け取 りたいのです。	이환금표를 현금으로 바꾸고 i hwangeumpyoreul hyeongeumeuro baggu- イ フ ァング ム ピョルルヒョングムロ バ ク コ 싶습니다. gosipseumnida. シップス ム ニダ.
ここで扱います。署名を してください。	여기서 취급합니다.　서명해 yeogiseo chwigeubhamnida.　seomyeonghae- ヨキソ チ グップハ ム ニダ. ソミョン グ ヘ チ 주십시오. jusipsio. ュ シ ッ プ シオ.
電報は何番の窓口で扱い ますか？	전보는 몇번 창구에서 취급합 jeonboneun myeochbeon changgueseo chwi- チォンボヌン ミョッポン チ ァングクエソ チ 니까? geubhamnigga? グップハ ム ニ カ?
日本までの電報料金を教 えてください。	일본까지의 전보요금을 가르 ilbonggajieui jeonboyogeumeul gareuchyeo- イ ル ボン カチエ チォンボヨグ ム ル カル チ 쳐 주세요. juseyo. ォ チュ セヨ.
電話のかけ方がわかりま せん。友人の電話番号も 調べたいのです。	전화 걸줄을 모릅니다. 친구 jeonhwa geoljuleul moreumnida. chingueui- チォンファ コルチュルル モル ム ニダ. チ 의 전화번호도 찾고 싶습니 jeonhwabeonhodo chajgo sipseumnida. ンクエ チォンファボンホト チ ァッコシッ 다. ナス ム ニダ.
交換台が出ますから，電 話番号をいってくださ い。そして，そのまま相 手の出るのを待っている	교환이 나오거든 전화번호를 gyohwani naogeodeun jeonhwabeonhoreul キョ ファ ン イ ナオコドン チォンファボン 말씀해 주시오. 그리고 상대 malsseumhae jusio. geurigo sangdaega ホルル マルツ ム ヘ チュシオ. グリコ サン

のです.

가 나오기를 기다려 주십시오.
naogireul gidaryeojusio.
グテカ ナオキル キタリョチュシップシオ.

長距離電話も同じ方法ですか？

장거리 전화도 같은 방법입니까？
jangeori jeonhwado gateun bangbeobimnigga?
チァングコリチォンファト カッドンバング ボビムニカ？

もしもし，交換台ですか？ 96局の 0021 につないでください.

여보세요, 교환입니까？96국의 0021번 좀 대 주시오.
yoboseyo, gyohwaninnigga? gusibyugguge-ui gonggong iilbeon jom daejusio.
ヨボセヨ, キョファンイムニカ？ クシップクケ コングコングイイルボン チョムテ チュシオ.

つなぎました. どうぞ話してください.

나왔읍니다. 말씀하십시오.
nawasseumnida. malsseumhasibsio.
ナワッスムニダ. マルツムハシップシオ.

もしもし，安さんですか？

여보세요. 안선생이십니까？
yeoboseyo. anseonsaengisimnigga?
ヨボセヨ. アンソンセングイシムニカ？

はい，こちらは安です. どなたですか？

네, 안입니다. 누구십니까？
ne, aninnida. nugusimnigga?
ネ, アンイムニダ. ヌクシムニカ？

---

① 韓国では同僚の間で男を呼ぶ時は「安先生 anseonsaeng アンソンセング」「崔先生 choiseonsaeng チェソンセング」と呼ぶが, 女の場合は「미스金 misseugim ミスキム」「미스李 misseu ri ミスリ」と呼ぶのが普通である.

　勿論結婚している夫人の時は「미세스 朴 miseseu bag ミセス バック」「미세스 鄭 miseseu jeong ミセス チォング」である.「氏」をつける場合は名称のおわりに呼んでつける. たとえば「金成均氏 gin seong gyun ssi キム ソング キュン シ」「李貞淑氏 ri jeongsug ssi リ チォング スック シ」と呼ぶ.

—— 国 際 電 報 ——

　韓国から日本へ電報を打つときは，国際電報頼信紙に宛名から本文まで全部ローマ字で書きます．本文は日本語のローマ字綴りでも英語でもかまいませんが，料金は字数ではなくて，綴りの句節を語として計算し，語数が多くなってしまいます．国際電報は電話でも頼めます．

12. 銀行で

外国為替を取扱っていますか？

　7番の窓へどうぞ．

外貨を韓国円に交換したいのです．

外貨はいくら持っているのですか？

12. 은행에서

외국환을 취급합니까？
oigughwaneul chwigeubhamnigga?
ウェクックファヌル **チ**グッブハムニカ？

7번 창구로 가십시오.
chilbeon changguro gasibsio.
チルボン**チ**ァング**ク**ロ　カシッブシオ.

외화를　한국　원으로　바꾸고　sip-
oihwareul hangug weoneurobaggugo sip-
ウェファルル　ハンクックウォンウロ　バ**ク**

싶습니다.
seumnida.
コシッブスムニダ.

외화는　얼마나　가지고　계십
oihwaneun eolmana gajigo gyesimnigga?
ウェファヌン　オルマナ　カチコ　ケシムニ

---

① 韓国の通貨の基本単位は원（ウォン）である．外貨との交換レートは，その日の相場に従って，決まる（変動為替レート）のであるが現在大体米貨1ドルとの比は490원を少し上廻っている．貨幣の種類は　1원，5원，10원，50원，100원，500원，1,000원，5,000원，10,000원の　9種である．この中，1원，5원，10원は殆ど銅貨であり，50원，100원にニッケル合金の鋳貨が多い．

니까?
カ?

日本貨 7 万円と米貨 300
ドルあります。

일화 7 만엥과 미화 300달러
ilhwa chilmanenggwa mihwa sambaegdalreo
イルファ チルマンエングァ ミファサム

가 있읍니다.
ga isseumnida.
ベックタルロカ イッスムニダ.

本日の円の相場はいくら
です？

오늘 엥화의 상장가는 얼맙①
oneul enghwaeui sangjangganeun eolmamni-
ォヌル エングファエ サングチャングカヌ

니까?
-gga?
ンオルマムニカ?

日本円の 100円は約 165
円, 1米ドルはおよそ 5
00円です。

일화의 100엥은 약 165원,
ilhwaeui baegengeun yag baegyugsiboweon,
イルファエ ベックエングウン ヤックベッ

미화 1달러는 대략 500원입
mihwa ildalreoneun daeryag obaegweonim-
クエックシップオウォン, ミファ イルタル

니다.
nida.
ロヌン テリャク オベックウォンイムニダ.

この申請書に記入して提
出してください。

이 신청서에 기입하여 제출
i sincheongseoe giibhayeo jechulhae jusibs-
イ シンチョングソエ キイップハヨ チェチ

해 주십시오.
io.
ュルヘチュシップシオ.

外貨の両替には制限があ
りますか？

외화를 바꾸는데 제한이 있
oihwareul bagguneunde jehani isseumnigga?
ウェファルルバクヌンテ チェハニイッスム

읍니까?
-nigga?
ニカ?

外貨交換の制限はありま
せんが, 交換した額を申

외화 교환에 제한은 없읍니다
oihwagyohwane jehaneun eobseumnidaman,
ウェファキョファネ チェハヌン オッフス

---

① 「얼맙니까」는 「얼마입니까」의 短縮形である。

告しなければなりません。

만, 교환한 액수를 신고해야 합니다.
gyohwanhan aegsureul singohaeyahamnida.
ムニダマン, キョファンハン エックスウルシンゴヘヤ ハムニダ.

この受取り書にサインしてください。

이 영수증에 사인해 주십시오.
i yeong sujeunge sainhae jusibsio.
イ ヨングスウズングエ サインヘチュシップシオ.

外貨交換証明書は，たいせつに保管してください。税関で，もう一度調べることがあります。

외화교환증명서는 잘 보관해 주십시오. 세관에서 다시 한번 조사하는 수가 있읍니다.
oihwa gyohwanjeungmyeongseoneun jal bo-gwanhae jusibsio. segwaneseo dasi hanbeon josahaneun suga isseumnida.
ウェファキョファンズングミョングソヌン チァルボクァンヘチュシップシオ. セクァンエソ タシ ハンボン チョサハヌン スゥカイッスムニダ.

旅行小切手を紛失してしまいました。どうしたらよいでしょう？

여행자 수표를 분실하였읍니다. 어찌하면 좋겠읍니까?
yeohaengja supyoreul bunsilhayeosseumni-da. eojjihamyeon jokesseumnigga?
ヨヘングチァ スゥピョルル ブンシルハヨッスムニダ. オチハミョン チョケッスムニカ?

それは困りました。小切手のナンバーを記憶していますか。

그건 곤란한데요. 수표넘버를 기억하십니까?
geugeon golanhandeyo. supyoneombeoreul gieoghasimnigga?
グコン コルランハンデヨ. スゥピョノムボルル キオックハシムニカ?

警察には届けましたか？

경찰에는 신고하셨읍니까?
gyeongchaleneun singohasyeosseumnigga?
キョングチァレヌン シンゴ ハショッスムニカ?

念のため，あなたの住所と名まえをこの用紙に書

혹시 모르니까, 당신의 주소
hogsi moreunigga, dangsineui juso seong
ホックシ モルニカ, タングシネ チュソ ソ

いてください・あとで連絡します・

성명을 이용지에 써 주십시
myeongeul iyongjiesseojusibsio. daeume
ンググミョングウル イヨングチエ ソ チュ

오. 다음에 연락드리겠읍니
yeolagdeurigesseumnida.
シッシオ. タウメ ヨルラック ドリケッス

다.
ㅁニダ.

この小切手を現金にして
ください・

이 수표를 현금으로 바꿔 주
i supyoreul hyeongeumeuro baggweojusio.
イ スゥピョルル ヒョングムロ バクォ チ

시오.
ㅛシオ.

日本の銀行に送金できま
すか？

일본의 은행으로 송금이 됩
ilboneui eunhaengeuro songgeumi doimnig
イルボネ ウンヘッグウロ ソングミトェ

니까？
ga?
ㅁニカ？

この支店では外国為替は
取扱いません・

이 지점에선 외환은 취급 안
i jijeomeseon oihwaneun chwigeubanhamn-
イ チチォㅁエソッ ウェファンウン チグッ

합니다.
ida.
ファンハムニダ.

―― 両　　替――

　旅行者は，1人1,000ドルの外貨と日本に帰ったとき
の旅費20,000円までの円貨を持出すことができますが
円貨を韓国内で使用することはできません・外貨は発
着ターミナル・韓国外換銀行で韓国原(ウォン／weon)に両替し
ます・使い残した원貨は出国の際に再交換しなければ
なりませんので，両替の時もらった記録書はなくさな
いようにしましょう・

本店の営業部に行って相
談してください。

본점 영업부로 가서서 상의
bonjeom yeongeobburo gasyeoseo sangeuih-
ボンチォム ヨングオップブロ カショソ サ

해 주십시오.
ae jusibsio.
ンゲイヘ チュシッブシオ.

13. ホテルで

今晩泊りたいのですが，
部屋はあいていますか？

13. 호텔에서

오늘 저녁 쉬고 싶은데 빈방 iss-
oneul jeonyeog swigo sipeunde binbang iss-
オヌルチォニョク スィコ シプンテ ビンバ

있읍니까？
eumnigga?
ング イッスムニカ？

どんな部屋をご希望です
か？ 何人ですか？

어떤 방을 찾으십니까？ 몇
eoddeon bangeul chajeusimnigga? myeoch
オトン バングウル チァズシムニカ？ ミョ

분이신지요？
bunisinjiyo?
ップニシンチョ？

２人部屋があいています
か？

２인용 방이 비어 있읍니까？
iinyong bangi bieo isseumnigga?
イインヨング バングイ ビオ イッスムニ
カ？

あいにく２人部屋はふさ
がっています。

미안합니다만 ２인용 방은 다
mianhamnidaman iinyong bangeun da cha-
ミアンハムニダマン イインヨング バング

찼읍니다.
sseumnida.
ウッ タ チァッスムニダ.

１人部屋でもよい．２部
屋ありますか？

１인용 방이라도 좋습니다.
ilinyong bangirado josseumnida. dugaega
イリンヨングバングイラト　チョッスムニ

두개가 있읍니까？
isseumnigga?
ダ. トゥケカ イッスムニカ？

朝食付きで，一泊いくら
ですか？

아침밥 먹고 일박에　얼맘니
까？
achimbab meoggo ilbage eolmamnigga?
アチムバッブ モックコ イルバケ オルマ
ニカ？

バスのついた静かな部屋がよいのです。	배스가 달린 조용한 방이면 좋겠읍니다. baeseuga dalrin joyonghan bangimyeon jokesseumnida. ベスカタルリッ チョヨングハンバンダイミ ョンチョケッスムニダ.
部屋だけでよい，食事は不要です。	방만으로 좋습니다. 식사는 필요없읍니다. bangmaneuro josseumnida. sigsaneun pilyo eobseumnida. バングマヌロ チョッスムニダ. シックサヌ ンピリョオッブスムニダ.
ではその部屋を予約します。名まえは田中です。	그러면 그 방을 예약합시다. 이름은 다나까입니다. geureomyeon geubangeul yeyaghabsida. ireumeun danaggaimnida. クロミョング バングウル イェヤックハッ ノシダ. イルムン タナカイムニダ.
予約の前金を扱う必要がありますか？	예약금을 내야합니까？ yeyaggeumeul naeyahamnigga? イェヤックグムル ネヤハムニカ？
いいえ，到着したときでけっこうです。	아니요， 도착하실때 주시면 좋습니다. aniyo, dochaghasilddae jusimyeon josseumnida. アニョ，トチァクハシルテ チュシミョンチ ョッスムニダ.
門限はありますか？ 夜10時ごろにはホテルにはいるつもりです。	문닫는 시간이 있읍니까？ mundadneun sigani isseumnigga? ムンタッヌン シカニ イッスムニカ？ 밤 10시게 호텔로 돌아올 예정입니다. bam yeolsigge hotelro dolaol yejeongimnida. バム ヨルシケ ホテルロ トラオル イェチォ ングイムニダ.
予約をしていませんが，今晩泊れますか？	예약은 않았읍니다만， 오늘 저녁 yeyageun anasseumnidaman, oneul jeonyeog イェヤグン アンアッスムニタマン，オヌル

저녁 잘 수 있읍니까?
jalsu isseumnigga?
チォニョク チァルスゥ イッスュニカ？

予約なしの方はお泊めで
きません.

예약하시지 않은 분은 숙박
yeyaghasiji aneun buneun sugbaghasil su
イェヤックハシチ アヌヌ ブヌヌ スゥクバ

하실 수 없읍니다.
eobseumnida.
ックハシルスゥ オップスュニダ.

1週日予約すると割引き
になりますか？

1주일간 예약하면 할인해줍
iljuilgan yeyaghamyeon halinhae jumnigga?
イルチュイルカン イェヤックハミョン ハル

니까？
インヘ チュュニカ？

3日前に予約した山田で
す. いま着きました.

3일전에 예약한 야마다입니
samiljeone yeyaghan yamadaimnida. jigeum
サミルチォネ イェヤックハン ヤマタイュ

다. 지금 도착했읍니다.
dochaghaesseumnida.
ニダ. チグュト チァクヘッスュニダ.

いらっしゃいませ. 部屋
は3階の8号室です.

어서오십시오. 방은 3층 8호
eoseoosibsio. bangeun samcheung palhosili-
オソオシップシオ. バングゥン サュチュン

실입니다.
mnida.
クバルホシルイュニダ.

これがあなたの鍵です.
どうぞ.

이것이 당신방 열쇠입니다.
igeosi dangsinbang yeolsoiimnida.
イコシ タングシン バングヨルセイュニダ.

어서…….
eoseo…….
オソ…….

あとで荷物を，わたしの
部屋に運んでください.

나중에 물건을 내방으로 운
najunge mulgeoneul naebangeuro unbanhae
ナチュングエ ムルコスル ネバングウロ ウ

반해주시오.
sio.
ンバンヘチュシオ.

この荷物を明朝まで預っ
てください。

이 물건을 내일 아침까지 맡
i mulgeoneul naeil achimggaji mata jusio.
イ ムルコスル ネイル アチムカチ マッタ
아주시오.
チュシオ.

貴重品を預ってくれます
か？

귀중품을 맡아 주시겠읍니까
gwijungpumeul mata jusigesseumnigga?
クィチュング プムル マッタ チュシケッス
ムニカ？

はい，フロントでお預り
しておきます。

네, 프런트에 맡아 두겠읍니
ne, peureonteue mata dugesseumnida.
ネ, プロントエ マッタ トゥケッスムニ
다.
ダ.

おなかが空きました。食
堂は何階ですか？

배가 고픕니다. 식당은 몇층
baega gopeumnida. sigdangeunmyeocheungi-
ベカ コプムニダ. シックタングウン ミョ
입니까？
mnigga?
ッチュングイムニカ？

準備中ですから，しばら
くお待ちください。

준비중이니 잠시 기다려 주
junbijungini jamsi gidaryeo jusibsio.
チュンピチュングイニ チァムシ キタリョ
십시오.
チュシッブシオ.

食事は部屋に運んでもら
えますか？

식사는 방으로 운반해 줍니
sigsaneun bangeuro unbanhae jumnigga?
シックサヌン バングウロ ウンバンヘ チュ
까？
ムニカ？

はい，承知しました。時
間になったらボーイに命
じてくたさい。

네, 잘 알겠읍니다. 시간이
ne, jal algesseumnida. sigani doimyeon bo-
ネ, チァルアルケッスムニダ. シカニ トェ
되면 보이에게 말씀해 주십
시오.
iegemalsseumhae jusibsio.
ミョン ボイエケ マルツムヘ チュシッブシ
オ.

メードさん，このシャワ
ーの使い方を教えてくだ
さい．

左のコックを右に回すと
お湯が出ます．右が冷水
です．せっけんはブルー
の小箱にはいっていま
す．

明日の朝は，6時半に起
こしてください．7時に
は出発しないと間に合い
ません．

ご用の際は柱のベルを押
してください．

風がはいるから窓をしめ
ておいてください．

메이드, 이 샤워의 사용법을
meideu, i syaweoeui sayongbeobeul gareu-
メイド，イ サャウォエ サヨングボブルカ
가르쳐 주시오.
cheo jusio.
ルチョチュシオ.

왼쪽의 코크를 오른쪽으로 돌
oinjjogeui kokeureul oreunjjogeuro dolri-
オィンチョケ コクルル オルンチョグロト
리면 더운물이 나옵니다. 오
myeon deounmuli naomnida. oreunjjogeun
ルリミョン トウンムリ ナオムニダ. オル
른쪽은 냉수입니다. 비누는
naengsuimnida.   binuneun
ンチョグン ネングスウィムニダ. ビヌヌン
파란 작은 상자에 들어 있읍
paran jageun sangjae deuleoisseumnida.
パラン チァグン サングチァエ ドゥオッス
니다.
ㅁニダ.

내일은 아침 6시 반에 깨워
naeileun achim yeoseossi bane ggaeweo ju-
ネイルン アチム ヨソッシ バンエ ケウォ
주십시오.   일곱시에 떠나지
sibsio.   ilgobsie ddeonaji aneumy-
チュシッシオ. イルコッシエ トナチ
①
않으면 대가지 못합니다.
eon daegaji moshamnida.
アヌミョン テカチ モッハムニダ.

용무가 계시면 기둥의 벨을
yongmuga gyesimyeon gidungeui beleul
ヨングムカ ケシミョン キトゥンゲエ ベル
눌러 주십시오.
nulreo jusibsio.
ルヌルロ チュシッシオ.

바람이 들어오니 창을 닫아
barami deuleooni changeul dada jusibsio.
バラミ ドゥロオニ チァングウルタタチュシ

---

① 「대가지 못합니다」는 「대어가지 못합니다」의 短縮形である．

주십시오.
ッブシオ.

鍵がこわれているらし
い。修理してください。

열쇠가 망가졌으니 고쳐주십
yeolsoiga manggajeosseuni gochyeo jusibsio.
ヨルセカ マングカチォッスニ コチォ チュ

시오.
シッブシオ.

もしもし，フロントです
か？

여보세요, 프런트입니까?
yeoboseyo, peureonteuimnigga?
ヨボセヨ, プロットイムニカ？

市外電話をかけたいので
申し込んでください。

시외전화를 걸고 싶은데, 신청
sioijeonhwareul geolgo sipeunde sincheong-
シウェチォンファルル コルコ シプッテ シ

청하여 주십시오.
hayeo jusibsio.
ンチォングハヨ チュシッブシオ.

おはようございます。起
床の時間です。

안녕히 주무셨읍니까. 기상시
annyeonghi jumusyeosseumnigga. gisangsi-
アンニョングヒ チュムショッスムニカ. キ

시간입니다.
ganimnida.
サングシカンイムニダ.

ああよく眠った。熱いお
茶をください。

아, 잘 잤다. 더운 차를 주십
a, jal jassda. deoun chareuljusibsio.
ア チァルチァッタ. トウン チァルルチュ

시오.
シッブシオ.

煙草はロビーの売店で売
っていますか？

담배는 로비의 매점에서 팔고
dambaeneun robieui maejeomeseo palgo
タムベヌン ロビエ メチォメソ パルコイッ

고 있읍니까?
isseumnigga?
コ スムニカ？

朝も風呂にはいってよい
のですか？

아침에 목욕탕에 들어가도 좋
achime mogyogtange deuleogado josseum-
アチメ モキョクタングエ ドロカト チョッ

습니까?
nigga?
スムニカ？

もっとやすい部屋に変えてもらいたい．	더 싼방으로 바꿔주시오. deo ssanbangeuro baggweo jusio. ト サンバングウロ パクォチュシオ.
できれば，5階の見晴らしのよい部屋に移りたい	가능하면 5층 전망좋은 방으 ganeunghamyeon ocheung jeonmangjoeun カヌングハミョンオチュング チォンマング 로 옮겼으면 합니다. bangeuro omgyeosseumyeon hamnida. チョウンバングウロオムキョッスミョン ハ ニダ.
わたくし宛の郵便物が来ていませんか？	내 앞으로 우편물 안와 있읍 nae apeuro upyeonmul anwa isseumnigga? ネアプロ ウピョンムル アンワ イッスムニ 니까？ カ？
ワイシャツを洗濯に出してもらえますか？	와이셔츠를 세탁보내 주시겠 waisyeocheureul setagbonae jusigesseumni- ワイショチュルル セタックボネ チュシケ 읍니까？ gga? ッスムニカ？
勘定書を持って来てください．	계산서를 가져다 주시오. gyesanseoreul gajyeoda jusio. ケサンソルルカチォタチュシオ.

──ホテルのチップ──

　ホテルでは約1割のサービス料を勘定書きの中に加えていますので，別にチップを払う必要はありませんが，何か特別なことを頼んだときはその程度に応じて払えばよいのです．たとえばちょっとした荷物の運搬を依頼したときは 100〜200원(weon ウォン)，個数が多いか重いものでは200〜300원も払えば充分です．他の場合もこれに準じて払えばよいのです．

タクシーを雇うことができますか？	택시를 부를 수 있읍니까？ taegsireul bureul su isseumnigga? テックシル_ルブル_ルスゥイッス_ムニカ？
支配人を連れてきてください。	지배인을 불러 주시오. jibaeineul bulreo jusio. チベイヌ_ルブルロチュシオ.
チップはどのくらいが相場ですか？	팁은 어느 정도가 적당합니까？ tibeun eoneujeongdoga jeogdanghamnigga? ティブ_ンオヌチォ_ングトカ チォグタ_ング ハ_ムニカ？
チップは主として欧米の習慣です。	팁은 주로 구미의 습관입니다. tibeun juro gumieui seubgwanimnida. ティブ_ンチュロ クミエ スックァ_ンイム ニダ.

14. 買いもの

〔土産品店〕

このへんに土産物店がありませんか？	이 근처에 토산물 가게가 있읍니까？ i geuncheoe tosanmul gagega isseumnigga? イグ_ンチォエ トサ_ンム_ルカケカ イッス_ムニカ？
韓国の玩具を見せてください。	한국의 장난감을 보여 주시오. hangugeui jangnangameul boyeo jusio. ハ_ンクックエ チャ_ングナンカム_ル ボヨチュシオ.
この韓服を着た人形はいくらですか？	이 한복을 입은 인형은 얼맘니까？ i hanbogeul ibeun inhyeongeun eolmamni-gga? イ ハ_ンボグ_ル イブ_ン イ_ンヒョ_ングウ_ンオ_ルマ_ムニカ？

※ 高麗人蔘は政府専売検印のある分だけ持ち出せる。　海苔の日本持ち帰りの免税ワクは500枚。

もっと安いのをさがして ください。	더 싼것으로 골라 주시오. deo ssangeoseuro gola jusio. ト サンコスロ コルラチュシオ.
その民俗服を取ってくだ さい。	그 민속복을 집어 주시오. geu minsogbogeul jibeo jusio. グ ミンソックボグル チボチュシオ.
子ども用の小さいのを選 んでください。	아이용 작은 것으로 골라 주 aiyong jageun geoseuro gola jusio. アイヨング チァグン コスロ コルラチュシ 시오. オ.
気に入った。これを買い ます。	마음에 듭니다. 이것을 사겠 maeume deumnida. igeoseul sagesseumnida. マウメ ドムニダ. イコスル サケッスムニ 읍니다. ダ.
この絵はがきはいくらで すか？	이 그림엽서는 얼맙니까？ i geurim yeobseoneun eolmamnigga? イ グリム ヨップソヌン オルマムニカ？
これは1枚10円です。こ れは50円。	이것은 한장에 10원입니다. igeoseun hanjange sibweonimnida. イコスン ハンチァングエ シップ ウォンイ 이것은 50원. igeoseun osibweon. ムニダ. イコスン オシップウォン.
色刷りは高いのですか？	컬러인쇄한 것은 비쌉니까？ keolreo inswaehan geoseun bissamnigga? コルロ インソェハンコスン ビサムニカ？
10枚一組で500円です。 ここに値段表がありま す。	열장 한묶음에 500원입니다. yeoljang hanmuggeume obaegweonimnida. ヨルチァング ハンムクメ オベックウォンイ 여기 가격표가 있읍니다. yeogi gagyeogpyoga isseumnida. ムニダ. ヨキ カキョクピョカイッスムダ.
記念にネクタイを買って 帰りましょう。	기념으로 넥타이를 사가지고 ginyeomeuro negtaireul sagajigo gagesseo キニョムロ ネッタイルル サカチコ カケ

	가겠어요. yo. ッソヨ.
この風景画は原画です か？	이 풍경화는 원화입니까？ i punggyeonghwaneun weonhwaimnigga? イ ブ ンクキョンッファヌン ウォンファイ ム ニカ？
いいえ，みんな複製で す。	아니요，　전부 복사제품입니 다. aniyo, jonbu bogsajepumimnida. アニョ，チォンブ ボックサチェブムイムニ ダ.
この絵はどこの風景でし ょうか？	이 그림은 어디 풍경인가요 i geurimeun eodi punggyeongingayo? イグリムン オディブ ンクキンッインッガヨ？
これは江原地方を画いた 水彩画です。	이것은 강원지방을 그린 수 igeoseun gangweonjibangeul geurin suchae- イコスン カンクウォンチバンクウルグリン 채화입니다. hwaimnida. スゥチェファイムニダ.
下のほうにある川は昭陽 江ですね。	밑에 있는 내는 소양강이지 mite issneun naeneun soyanggangijiyo. ミッテイッヌン ネヌン ソヤンク カンクイ 요. チョ.
額ぶちが思ったより重た いですよ。	액자가 생각한 것 보다는 무 aegjaga saenggaghangeos bodaneun mugeob- エックチァカ センックカックハンコッボタヌ 겁습니다. seumnida. ンムコッブスムニダ.
韓国産らしいものがよい のです。	한국산 같은 것이 좋습니다. hangugsan gateun geosi joseumnida. ハンクックサン カッドンコシ チョッスム ニダ.
この布地の材料は何です か？	이 천은 무슨 천입니까？ i cheoneun museun cheonimnigga? イチォンウン ムスン チォンイムニカ？

これは純絹の織り物です。	이것은 순견으로 짠 것입니다. igeoseun sungyeoneuro jjan geosimnida. イコスン スッンキョンウロ チャンコシムニダ.
そこに掛っているテーブルクロスは装飾用ですか？	거기 걸려 있는 테이블 크로스는 장식용입니까？ geogi geolyeo issneun teibeul keuroseuneun jangsigyong imnigga? コキ コルリョ イッヌン テイブルクロスヌン チャングシックヨングイムニカ？
これより地味な模様のものがありませんか？	이것보다 조용한 무늬의 것은 없읍니까？ igeosboda joyonghan muneuieui geoseun eobseumnigga? イコッボタ チョヨングハン ムニエ コスン オッブスムニカ？
これも派手すぎます。	이것도 너무 요란합니다. igeosdo neomu yoranhamnida. イコット ノム ヨランハムニダ.
どんな色と柄がお好きですか？	어떤 색과 무늬를 좋아하십니까？ eoddeon saeggwa muneuireul joahasimnigga? オトン セッククァ ムニルルチョアハシムニカ？
わたしはこの茶器を買います。	나는 이 찻그릇을 사겠읍니다. naneun i chasgeureureul sagesseumnida. ナヌン イ チャッグルスル サケッスムニダ.
全部でいくらですか？ 計算してください。	전부 얼맘니까？ 계산해 주십시오. jeonbu eolmamnigga. gyesanhae jusibsio. チョンブ オルマムニカ. ケサンヘチュシッシオ.
〔カメラ店〕 写真のカラーフィルムを5本ください。	〔카메라가게〕 컬러 필름 5개 주시오. keolreo pilreum daseosgae jusio. コルロ ピルルム タソッケ チュシオ.

1本はカメラにセットしてください。	한개는 카메라에 넣어 주시오. hangaeneun kamerae neoeo jusio. ハンケヌン カメラエ ノオチュシオ.
このフィルムを夕方までに現像してください。	이 필름을 저녁때까지 현상 i pilreumeul jeonyeogddaeggaji hyeonsang- イ ピルルムウル チョニョック テカチ ヒョン 해 주시오. hae jusio. サングヘ チュシオ.
カメラが故障したのですが，修理してもらえますか？	카메라가 고장났는데 고쳐 주 kameraga gojangnassneunde gochyeo jusig- カメラカ コチャング ナッヌンテ コチォチ 시겠읍니까？ esseumnigga? ュシケッスムニカ？
2〜3日かかりますが，よろしいですか？	2〜3일 걸리겠는데 좋습니 isamil geolrigessneunde josseumnigga? イサミル コルリケッヌンテ チョッスムニ 까？ カ？
明後日までには直しておいてください。	모레 까지는 고쳐 주시오. moreggajineun gochyeojusio. モレ カチヌン コチォチュシオ
このカメラは韓国製ですか？	이 카메라는 한국제입니까？ i kameraneun hangugjeimnigga? イ カメラヌン ハンクックチェイムニカ？

——現金の紛失・盗難のとき——

　旅行中に現金の紛失または盗難に会ったときは，発見されたときに連絡してもらえるよう，多少にかかわらず警察に届けましょう。事故のため旅費に困ったときは紛失届・盗難届を出した警察の証明書を留守宅に送れば，留守宅から日本銀行に申請して，旅先へ送金してもらうことができます。この場合，旅券番号・連絡先などを明示しなければなりません。

いいえ，ドイツからの輸入品です．

〔書　店〕

やさしい韓日会話の本がほしいのです．

簡単なポケット日韓辞典はありますか？

韓国の歴史について何も知りません．初心者に都合のよい歴史書がありませんか？

日本語に訳された韓国古典を見せてください．

入り口の左の文学コーナーに飜訳書も並んでいま

아니요., 독일서 수입한 것입니다.
aniyo. dogilseo suibhan geosimnida.
アニヨ，トキルソ　スウイッブハン　コシムニダ．

〔책　방〕

초급 한일회화책이 필요합니다.
chogeub hanilhoihwachaegi pilyohamnida.
チョグプ　ハニルフェファチェキ　ピルヨハムニダ．

간단한 포키트 일한사전은 있읍니까?
gandanhan pokiteu ilhansajeoneun isseumnigga?
カンタンハン　ポキト　イルハンサチォヌン　イッスムニカ？

한국의 역사에 대하여는 아무것도 모릅니다. 초심자에게 알맞은 좋은 책은 없읍니까?
hangugeui yeogsae daehayeoneun amugeosdo moreumnida. chosimjaege almajeun joheun chaegeun eobseumnigga?
ハンクックエ　ヨックサエ　テハヨヌン　アム　コット　モルムニダ．　チョシムチァゲ　アルマズン　チョウン　チェグン　オッスムニカ？

일본어로 번역된 한국 고전을 보여주십시오.
ilboneoro beonyeogdoin hangug gojeoneul boyeo jusibsio.
イルボンオロ　ボンヨックトェン　ハンクックコチォヌル　ボヨチュシッブシオ．

입구의 왼쪽 문학 코너에 번역서
ibgueui oinjjog munhagkoneoe beonyeogseo-
イックエ　ウィンチォク　ムンハック　コノ

す。	역서를 진열했읍니다. reul jinyeolhaesseumnida. エボンヨックソルルチンヨルヘッスムニダ.
こちらにあるのが新しい 文学書です。	이쪽에 있는 것이 새로운 문 ijjoge issneun geosi saeroun munhagseojeog- イチョケ イッヌン コシ セロウン ムンハ 학서적입니다. imnida. ックソチォキュニダ.
いま韓国で最も多く読ま れている新刊書を2,3冊 教えてください。	지금 한국에서 제일 많이 읽 jigeum hangugeseo jeil manhi ilkigo issneun チグム ハンクケソ チェイル マニ イルキ 히고 있는 신간서적을 두세 singan seojeogeul dusegweonman gareuchy- コ イッヌン シッカンソチォグル トゥセク 권만 가르쳐 주세요. eo juseyo. オンマン カルチォ チュセヨ.
日本の大学教授にたのま れてきたのです。	일본의 대학교수의 부탁을 받 ilboneui daehag gyosueui butageul badgo イルボネ テハックキョスゥエ ブタグルバ 고 왔읍니다. wasseumnida. ッコ ワッスムニダ.
わたくしは農業協同組合 に関する本がほしい。	나는 농업협동조합에 관한 책 naneun nongeobhyeobdongjohabe gwanhan ナヌン ノングオップヒョプトングチョハベ 이 필요합니다. chaegi pilyohamnida. クァンハン チェキ ピルョハムニダ.
写真や絵のある画報があ るとよいのですが。	사진이나 그림이 있는 화보 sajinina geurimi issneun hwaboga isseu- サチンイナ グリミ イッヌン ファボカ イ 가 있으면 좋겠는데요. myeon jokessneundeyo. ッスミョン チョケッヌンテヨ.
韓国の有名な童話は何で すか？	한국의 유명한 동화는 무엇 hangugeuiyumyeonghandonghwaneun mueo- ハンクケ ユミョングハン トングファヌン

입니까?
ssimnigga?
ムォッイムニカ?

<table>
<tr><td>〔百貨店〕</td><td>〔백화점〕</td></tr>
</table>

〔百貨店〕	〔백화점〕

エレベーターはどこです
か？

엘리베이터는　어딨읍니까？①
elibeiteoneun eodisseumnigga?
エㇽリベイトヌㇴ　オディッスㇺニカ？

このエレベーターは各階
止まりですね？

이 엘리베이터는　층마다　서
i elibeiteoneun cheungmada seojiyo?
イ　エㇽリベイトヌㇴ　チュㇴグマタ　ソチ

지요？
ヨ？

2階，4階，6階は通過
します。

이층, 사층, 육층은　안섭니
icheung, sacheung, yugcheungeun anseom-
イチュㇴグ，サチュㇴグ，ユッククチュㇴグ

다.
nida.
ウㇴアㇴソㇺニダ.

日用品売り場は何階です
か？

일용품 매접은 몇층입니까?
ilyongpum maejeomeun myeoch cheungimni-
イㇽヨㇴグプㇺ　メチョムㇴ　ミョッチュㇴ
グイㇺニカ？
gga?

4階の奥のほうです。

사층 안쪽입니다.
sacheung anjjogimnida.
サチュㇴグ　アㇴチョキㇺニダ.

鼻紙，石鹸，タオル，ポ
マード，歯ぶらし，その
他いろいろ買いたいので
す。

화장지, 비누, 타울, 포머드
hwajangji, binu, taul, pomeodeu,
ファチャㇴグチ，ビヌ，タウㇽ，ポモド，

치솔, 그밖의 여러가지를 사
chisol, geubaggeui yeoreogajireul sago
チソㇽ，グバケ　ヨロカチルㇽ　サコシップ

고 싶습니다.
sipseumnida.
スㇺニダ.

化粧品売り場に行くとよ
いでしょう。

화장품 매장으로 가면 될거
hwajangpum maejangeuro gamyeon doilgeo-
ファチャㇴグプㇺ　メチャㇴグウロ　カミョ

---

① 「어딨읍니까」는 「어디있읍니까」의 短縮形である。

예요.
yeyo.
ンテルコイェヨ.

理髪部がありますか？ひ
げを剃りたいのです。

이발부가 있읍니까? 수염을
ibalbuga isseumnigga? suyeomeul ggagggo
イバルブカ イッスㇺニカ？ スゥヨムㇽ カ

깎고 싶습니다.
sipseumnida.
ックコ シップスㇺニダ.

物品を全部いっしょに包
んでください。

물건을 전부 같이 싸주시오.
mulgeoneul jeonbu gachi ssajusio.
ムㇽコスㇽ チォンブ カッチ サチュシオ.

これをホテルに配達して
くれますか？

이것을 호텔로 배달해 주십
igeoseul hotelro baedalhae jusimnigga?
イコスㇽ ホテㇽロ ベタㇽヘ チュシㇺニ

니까?
カ？

はい，お届けします。市
内配達は無料です。

네, 갖다 드리겠읍니다. 시내
ne, gajda deurigesseumnida. sinae baedaleun
ネ, カッタ ドリケッスㇺニダ. シネベタㇽ

배달은 무료입니다.
muryoimnida.
ン ムリョイㇺニダ.

日本語のわかる店員はい
ませんか？

일본말할줄아는 점원은 없읍
ilbonmal haljul aneun jeomweoneun eob-
イㇽボンマㇽハㇽチュㇽ アヌン チォムォ

니까?
seumnigga?
ヌン オップスㇺニカ？

釣銭が間違っています。
確かめてください。

거스름 돈이 틀립니다. 확인
geoseureum doni teulrimnida. hwaginhae
コスルㇺ トニ トㇽリㇺニダ. ファキンヘ

해 주시오.
jusio.
チュシオ.

領収書を書いて捺印して
ください。

영수증을 써서 날인해 주시
yeongsujeungeul sseoseo nalinhae jusio.
ヨングスゥチュングウㇽ ソソ ナㇽインヘチ

오.
ュシォ.

出口はどちらですか？

출구는 어딥니까?
chulguneun eodibnigga?
チュルクヌン オディ厶ニカ？

便所はこの階にもありますか？

화장실은 이층에도 있읍니까?
hwajangsileun icheungedo isseumnigga?
ファチァングシルン イチュングエトイッスム二カ？

南側と北側の階段のそばにあります。

남쪽과 북쪽계단 옆에 있읍니다.
namjjoggwa bugjjoggyedan yeope isseumnida.
ナムチョククァ ブックチョク ケタン ヨペ イッスム二ダ.

エスカレーターをご利用ください。

에스컬레이터를 이용하십시오.
eseukeolreiteoreul iyonghasibsio.
エスコ゠レイトル゠イョングハシッッシオ.

店内案内所は，どこですか？

점내 안내소는 어딥니까?
jeomnae annaesoneun eodimnigga?
チォ厶ネ アンネソヌン オディ厶二カ？

<hr>

トイレ用語について

トイレに関することばは，なるべく上品なこ とばを使おう とする心理からか，どの国にもいろいろのことばがあるものです．韓国でも一般的な변소（ビョンソ）は駅などの公衆便所に表示され，ホテル・レストラン・ビルの中では화장실（ファチァングシル：化粧室）となっています．ソウルではたいてい화장실といいます．男性用は신사（シンサ：紳士）または남（ナム：男），女性用は숙녀（スゥクニョ：淑女）または여（ヨ：女），あるいは絵で示されています．ところで，「イイレはどこですか」とか「中にペーパーが入っていません」などというときに，手ぶりや身ぶりではおかしいですので，トイレ用語はぜひ覚えておきたいものです．

いらっしゃいませ。どう
ぞこちらへ。

昼食をとります。席はあ
りますか？

あの窓ぎわの席があいて
おります。

ボーイさん，メニューを
見せてください。

何なりとお好きなものを
注文してください。

きようは，わたくしがご
ちそういたします。
どんなお酒を飲みましょ
うか？
ぼくお酒は飲めない。

わたしは真露か三鶴をい
ただきます。

어서 오십시오. 이쪽으로.
eoseo osibsio.　　　ijjogeuro.
オソオシッッシオ.　　イチョグロ.

점심을 먹겠읍니다. 좌석 있
jeomsimeul meoggesseumnida. jwaseog iss-
チォムシムルモックケッスムニダ. チゥァ

읍니까？
eumnigga?
ソックイッスムニカ？

저 창옆 좌석이 비어 있읍니
다.
jeo changyeop jwaseogi bieo isseumnida.
チォ チァングヨップチゥァソキ ビオイッ
スムニダ.

여보시오, 메뉴를 보여 주시
오.
yeobosio, menyureul boyeo jusio.
ヨボシオ, メニュルル ボヨチュシオ.

아무거나 좋은 걸로 시키십
시오.
amugeona joheun geolro sikisibsio.
アムコナチョウッ コルロ シキシッッシオ.

오늘은 내가 내는 겁니다.
oneuleun naega naeneun geobnida.
オヌルッ ネカ ネヌッコムニダ.

어떤 술을 드시겠읍니까？
eoddeon suleul deusigesseumnigga?
オトッ スゥルル ドシケッスムニカ？

저는 술을 먹을 줄 모릅니다.
jeoneun suleul meogeuljul moreumnida.
チォヌッ スゥルル モグル チュル モルム
ニダ.

나는 진로나 삼학을 하렵니
naneun jinrona samhageul haryeomnida.
ナヌッ チンロナ サムハグル ハリョムニ

다.
ダ.

メイドさん，真露か三鶴，それからビールを一本．	여보시오, 진로나 삼학, 그 yeobosio, jinrona samhag. geurigo maegju ヨホシオ, チンロナ サムハック, グリコ 리고 맥주 한병． hanbyeong. メックチュ ハンビョング．
今朝は忙しくて何も食べなかったので，おなかがペコペコです．	아침에는 바빠서 아무것도 못 achimeneun babbaseo amugeosdo mosmeog アチメヌン バパソ アムコット モッ 먹었더니 배가 촐촐합니다． eossdeoni baega cholcholhamnida. モコットニ ベカチョルチョルハムニダ．
あなたは魚と肉とはどちらがお好きですか？	당신은 어류와 육류 중 어느 dangsineun eoryuwa yugryu jung eoneu タングシヌン オリュワ ユックリュチュン 것을 좋아하십니까？ geoseul joa hasimnigga? グオヌコスル チョア ハシムニカ？
ぼくは肉類は食べません．野菜が好きです．	나는 육류는 먹지 않습니다． naneun yugryuneun meogji anseumnida. ナヌン ユックリユヌン モックチアンスム 야채를 좋아합니다． yachaereul joahamnida. ニダ． ヤチェルルチョアハムニダ．
それでは魚の料理をとりましょう．	그러면 생선요리를 듭시다． geureomyeon saengseonyorireul deubsida. グロミョン セングソンヨリルルドックシダ．
給仕さん，メニューにある料理を説明してくれませんか．	여봐요, 메뉴에 있는 요리를 yeobwayo, menyue issneun yorireul seolm- ヨボァヨ, メニュエ イッヌン ヨリルル ソ 설명해 줄 수 없어요． yeonghae jul su eobseoyo? ルミョングヘ チュルスゥ オップソヨ？
一品料理と定食とどちらにしますか？	골라드실건가요？　　정식으로 golradeusilgeongayo?　　jeongsigeuro コルラトシルコンカヨ？　チォングシグロ 하실건가요？ hasilgeongayo? ハシルコンカヨ？

この店の得意の料理は何 ですか？	이 집에서 제일 잘하는 것은 i jibeseo jeil jalhaneun geoseun mucosim- イチベソ チェイル チァルハヌン コスン ム 무엇입니까？ nigga? オシュニカ？
ビーフステーキ一人前と 魚のフライ一皿くださ い。	비프스테이크 일인분하고, 생 bipeuseuteikeu ilinbunhago saengseonpeurai ビプステイク イリップンハコ, セッグソン 선프라이 한접시 주시오。 hanjeobsijusio. プライ ハンナョブ シチュシオ.
ビーフステーキはよく焼 いたのをください。	비프스테이크는 잘 익혀 주 시오。 bipeuseuteikeuneun jal ighyeo jusio. ビプステイクヌン チァルイックヒョチュシ オ.
洋酒は置いてありません か？	양주는 준비한게 없읍니까？ yangjuneun junbihange eobseumnigga? ヤングチュヌン チュンビハンケ オップス ムニカ？
パンをもう少しください	빵좀 더주시오。 bbang jom deo jusio. パング チョム ト チュシオ.
小皿を２枚かしてくださ い。水をもう一杯。	작은 접시 두개만 빌려 주시 jageun jeobsi dugaeman bilryeo jusio. チァグンチョブシ トゥケマン ビルリョチ 오。물 한잔 더。 mul hajan deo. ュシオ. ムル ハンチァント.
野菜サラダはたくさん持 ってきてください。	야채 샐러드는 많이 갖다 주 시오。 yachae saelreodeuneun manhi gajda jusio. ヤチェ セルロドヌン マニカッタ チュシオ.
デザートは何をご希望で すか？	디저트는 뭘로 하실까요？ dijeoteuneun mweolro hasilggayo? ディチォトヌン ムォルロ ハシルカヨ？

くだものとケーキ, 飲み
ものはコーヒー。

わたしはレモンティーに
します。

この店の宮中料理はとて
も美味しいという話です
よ。

16. 訪　問

ごめんください。崔さん
のお宅ですか？

崔さんはご在宅ですか？

いま外出していますが,
どちらさまですか？

わたしは東京から来た伊
藤というものです。

本日貴宅をお訪ねする約
束をしました。

과일과 과자, 마실걸로는 코
gwailgwa gwaja, masilgeolroneun kopi.
クァイルクァ クァチァ, マシルコルロスン
피.
コピ.

나는 레먼티로 합니다.
naneun remeontiro hamnida.
ナスン レモンティロ ハムニダ.

이 집의 궁중요리는 퍽 맛있
i jibeui gungjungyorineun peog masissdago
イチベ クングチュングヨリスン ポック マ
다고들 하더군요.
deulhadeogunyo.
ッイッタコドル ハトクッヨ.

16. 방　문

실례합니다. 최선생댁이십니
silryehamnida. choiseonsaeng daegisimnig
シルレハムニダ. チェソンセング テキシム
까?
ga?
ニカ?

최선생은 댁에 계십니까?
choiseonsaengeun daegegyesimnigga?
チェソンセングウン テケ ケシムニカ?

지금 외출중이십니다만,　뉘
jigeum oichuljungisimnidaman, nwisinji-
チグム ウェチュルチュングイシムニダマ
신지요?
yo?
ン, スィシンチヨ?

저는 도오꾜오서 온 이또라
jeoneun dooggyooseo on iddorahamnida.
チォヌン トオキョオソ オン イトラハムニ
합니다.
da.
ダ.

오늘 귀댁을 방문하기로　약
oneul gwidaegeul bangmunhagiro yagsogeul
オヌル クィテグル バングムンハキロ ヤッ

속을 했었읍니다.
haesseosseumnida.
ㇰソグㇽヘッソッスㇺニダ.

ああ, 伊藤さんですね.
あなたのことは夫から聞
いています.

아, 이또씨세요. 남편에게
a, iddossiseyo. nampyeonege
ア, イトシセヨ. ナㇺピョンエケ

애기는 들었읍니다.
aegineun deuleosseumnida.
イェキヌン ドロッスㇺニダ.

たばこをお吸いになりま
すか?
どうぞ.

담배를 피우십니까?
dambaereul piusimnigga?
タㇺベルㇽ ピウシㇺニカ?

어서.
eoseo.
オソ.

いまお茶を運んでまいり
ます.

그럼 차를 가져 오겠읍니다.
geureom chareul gajyeo ogesseumnida.
グロㇺ チャルㇽ カチォ オケッスㇺニダ.

長い間おじゃ ましまし
た.

오랫동안 폐끼쳤읍니다.
oraessdongan pyeggichyeosseumnida.
オレットングアン ピェキチォッスㇺニダ.

機会があったら, またお
出かけください.

기회있으시면 또 들러 주십
gihoiisseusimyeon ddo deulreo jusibsio.
キフェイッスシミョン ト ドルロ チュシッ

皆さまどうぞお達者でお
暮らしください.

시오. 댁내평안하시길 빌겠
daegnae pyeonganhasigilbilgesseumnida.
シオ. テックネ ピョングアン ハシキㇽ

읍니다.
ㇰルケッスㇺニダ.

突然ですが, 柳先生にお
会いしたいのです.

갑자기 찾아뵈어 죄송합니다.
gabjagi chajaboieo joisonghamnida.
カップチャキ チャチャベオ チェソングハ

유선생님을 뵙고 싶습니다.
yuseonsaengnimeul boibgosipseumnida.
ㇺニダ. ユソンセングニムㇽ ペップコシッ
プスㇺニダ.

彼は在宅していますがき
ょうは忙しいのでお会い

선생님은 집에 계시기는 합
seonsaengnimeun jibegyesigineun hamnida-
ソンセングニムッ チベ ケシキヌンハㇺニ

できないと申していま
す。

니다만, 오늘은 바쁘셔서 만
man, oneuleun babbeusyeoseo mannaboibji
ダマッ, オヌルッ パプショソ マッナ ベッ
나뵙지 못하시겠다고 하십니
다.
moshasigessdago hasimnida.
ブチ モッハシケッタコ ハシュニダ.

不意に来たわたしが悪い
のです。

예고 없이 찾아뵌 제가 잘못
yego eobsi chajaboin jega jalmosijiyo.
イェコ オッッシ チァチァ ボィン チェカ
이지요.
チァルモシチヨ.

どのような用事で来られ
たのですか？

어떻게 오셨읍니까? (무슨 용
eoddeoke osyeosseumnigga?　(museun yo-
オトケ オショッスュニカ? (ムスッヨ
무로 오셨죠?)
ngmuro osyeossjyo?
ングムロ オショッチョ?)

ここに紹介状がありま
す。

여기 소갯장이 있읍니다.
yeogi sogaesjangi isseumnida.
ヨキ ソケッチァッグイ イッスュニダ.

　「冠省，小生の旧友大
森君を紹介します。氏
はA新聞社の記者で
す。ぜひご引見くださ
い。」

　「冠省, 소생의 친구 大森
「kwan seong, sosaengeuichingu omor-
「クァッ ソング, ソセッグエ チック
군을 소개합니다. 군은 A
iguneul sogaehamnida. guneun ei
オモリクスル ソケハュニダ. クヌッエ
신문사의 기자입니다. 꼭
sinmunsaeui gijaimnida. ggog
イ シッムッサエ キチァイュニダ. コッ
引見해 주십시오.」
ingyeonhae jusibsio.」
グ インキョッヘ チュシッシオ.」

尊敬する先輩の紹介です
から，承知しないわけに
はいきません。

존경하는 선배의 소개이니,
jongyeonghaneun seonbaeeui sogaeini
チョッキョッグハスッ ソッベエ ソケイニ,
안만나 볼 수가 없군.
anmanna bol suga eobgun.
アッマッナ ボルスゥカ オッックッ.

短時間ならお会いすると申しています。

잠깐이라면 만나시겠다고 하십니다.
jamgganiramyeon mannasigessdago hasimnida.
チァムカッイラミョン マンナシケッタコ ハシュニダ.

明日訪問したいが，きみはひまかい？

내일 방문하려 하는데, 자네 짬 있나？
naeil bangmunharyeo haneunde, jane jjam issna?
ネイㇽバングムンハリョハヌンテ, チァネ チァムイッナ？

午前中は用事があるが，午後ならよい。

오전 중에는 일이 있으나, 오후면 좋아.
ojeon jungeneun ili isseuna, ohu-myeon joa.
オチォンチュングエヌン イリイッスナ, オフミョンチョア.

何時ごろ行けばよいか？

몇시께 가면 좋은가？
myeossigge gamyeon joeunga?
ミョッシケ カミョン チョウンカ？

午後ならきみの好きな時間でよい。

오후면 자네 좋은 시간대로 좋네.
ohumyeon jane joeun sigandero johne.
オフミョッ チァネ チョウンシカッテロ チ ョッネ.

きみが一人で来るのかい。

자네 혼자 오나？
jane honja ona?
チァネ ホンチァ オナ？

いや友人を連れて行く。

아니, 친구와 같이 가네.
ani, chinguwa gachigane.
アニ, チンクワ カッチカネ.

ぼくの家でいっしょに食事をしよう。

우리 집에서 같이 식사하세.
uri jibeseo gachi sigsahase.
ウリチベソ カッチ シックサハセ.

夕食の時間までには辞去しなくてはならないから準備をしないでくれ給え。

저녁식사 전에 물러나야 겠으니 준비하지 말아 주게.
jeonyeogsigsa jeone mulreonaya gesseuni junbihaji malajuge.
チォニョクシックサチォネ ムㇽロナヤケッ スニ チュンビハチ マラチュケ.

ではきみのいうとおりにしょう。	그럼, 자네말대로 하지. geureom, janemaldaero haji. グロㇺ, チァネマㇽテロ ハチ.
沈さんの病室はこちらですか？	심선생 병실이 여깁니까? simseonsaeng byeongsili yeogimnigga? シㇺソンセング ビョングシリ ヨキㇺニカ？
どうぞおはいりください。	어서 들어 오십시오. eoseodeuleoosibsio. オソ ドロ オシッッシオ.
病気見舞いに参上しました。	병문안 왔읍니다. byeongmunan wasseumnida. ビョングムッアン ワッスㇺニダ.
その後の経過はいかがですか？	그 후로 경과는 어떻습니까? geu huro gyeonggwaneun eoddeosseumnigga? グ フロ キョングクァヌㇴ オトッスㇺニカ？
一日一日快方に向かっています。	하루하루 나아갑니다. haruharu naagamnida. ハルハル ナアカㇺニダ.
少し太ったようですね。	좀 몸이 난것 같군요. jom momi nangeos gatgunyo. チョㇺ モミ ナンコッ カックンヨ.
まあどうぞ，その椅子にお掛けください。	어서 그 의자에 앉으십시오. eoseo geu eiujae anjeusibsio. オソ グ イチァエ アンズシッッシオ.
入院してから体重が 1.5 キロも増えました。	입원하고 체중이 일점오킬로나 늘었읍니다. ibweonhago chejungi iljeomokilrona noeulc-osseumnida. イッゥウォンハコ チエチュングイ イㇽチナ ヌㇽオッスㇺニダ. オㇺオキㇽロナ ヌㇽオッスㇺニダ.
遠慮なしにいただきます．きれいな花ですね。	사양않고 받겠읍니다. 아름 sayanganko badgesseumnida. areumdaunggo サヤングアンコ バッケッスㇺニダ. アルㇺ

다운 꽃입니다.
chimnida.
タウン コシㇺニダ.

いつ退院できますか？

언제 퇴원하게 되겠읍니까?
eonje toiweonhage doigesseumnigga?
オンチェ テウォッハケ テケッスㇺニカ?

まだはっきりはわかりま
せんが，あと二週間もす
れば退院できるでしょ
う。

아직 확실히는 모르겠읍니다
ajig hwagsilhineun moreugesseumnidaman,
アチック ファクシㇽヒヌン モルケッスㇺ

만, 한 이주일 있으면 퇴원
han ijuil isseumyeon toiweonhage doigess-
ニダマン, ハン イチュイㇽ イッスミョン

하게 되겠지요.
jiyo
テウォッハケ トェケッチヨ.

病院生活も長くなると退
屈でしょう。

병원생활도 오래되니 지리하
byeonweonsaenghwaldo oraedoini jirihajiy-
ビョングウォンセングァㇽト オレトェニ

지요.
o?
チリニハチヨ?

健康のありがたさを痛感
しました。

건강의 고마움을 통감했읍니
geongangeui gomaumeul tonggamhaesseum-
コッカングエ コマウムㇽ トングカムヘッ

다.
nida.
スㇺニダ.

あまり長居をしてはご病
気に障りますから，これ
で失礼します。

너무 오래 앉았으면 병에 나
neomu orae anjasseumyeon byeonge nabbeuni,
ノム オレ アンチァッスミン ビョングエナ

쁘니, 이만 실례하겠읍니다.
iman silryehagesseumnida.
プニ, イマン シㇽレハケッスㇺニダ.

わざわざお見舞いに来て
いただき，恐縮に存じ
ます。

일부러 문병와 주시니, 황송
ilbureo munbyeongwa jusini, hwangsonghal
イㇽブロ ムンビョングワチュシニ, ファン

할 따름입니다.
ddareumimnida.
ㄸソングハㇽ タルミㇺニダ.

また，そのうちにお伺い
します．どうぞ早くよく
なってください．

또 다시 오겠읍니다. 어서 빨
ddo dasi ogesseumnida. eoseo bbalri naeusi-
トタシ オケッスムニダ． オソ パルリナ

리 나으시길 바랍니다.
gil baramnida.
ウシキ バラムニダ.

17. 病気・医療

17. 질병・의료

頭が痛いし，胸が苦し
い．

머리가 아프고, 가슴이 답답
하고.
meoriga apeugo, gaseumi dabdabhago.
モリカ アプコ， カスミ タップタップハコ.

彼女は病気です．

그녀는 병입니다.
geunyeoneun byeongimnida.
グニョヌン ビョングイムニダ.

至急医者を呼んでくださ
い．

빨리 의사를 불러 주시오.
bbalri euisareul bulreo jusio.
パルリ イサルッブルロ チュシオ.

わたしはとても気分が悪
いのです．

나는 퍽 기분이 나쁩니다.
naneun peog gibuni nabbeumnida.
ナヌン ポック キブニ ナツムニダ.

この近所に病院か医院が
ありませんか？

이 근처에 병원이나 의원이
i geuncheoe byeongweonina euiweoni eob-
イ グンチォエ ビョングウォニナ イウォニ

없읍니까？
seumnigga?
オップハムニカ？

この人を病院に連れて行
ってください．

이 사람을 병원에 데려다 주
i sarameul byeongweone deryeoda jusio.
イサラムッ ビングウォネ テリョタ チュシ

시오.
o.
オ.

服を脱いでください．

옷을 벗어 주시오.
oseul beoseo jusio.
オスッ ボッソ チュシオ.

口を開けてごらんなさ
い．

입을 벌려 보십시오.
ibeul beolryeo bosibsio.
イブッ ボルリョ ボシッブシオ.

脈博数が多いし，熱もある．	맥이 빠르고 열도 있읍니다. maegi bbareugo yeoldo isseumnida. メキ パルコ ヨ゜ト イッスムニダ.
いつから熱がありますか？	언제부터 열이 있었읍니까？ eonjebuteo yeoli isseosseumnigga? オンチェブト ヨリ イッソッスムニカ？
夕方悪寒がして，熱が出はじめました．	저녁때 오한이 나고 열이 나기 시작했읍니다. jenyeogddae ohani nago yeoli nagi sijag haesseumnida. チョニョクテ オハニ ナコ ヨルイ ナキ シ キ シャク ヘッスムニダ.
多分風邪をひいたのです．	틀림없이 감기들린 것입니다. teulrimeobsi gamgideulrin geosimnida. トルリムオップシ カムギドルリンコッイムニダ.
心配することはありません．	근심하실것 없읍니다. geunsimhasilgeos eobseumnida. グンシムハシルコッ オップスムニダ.
薬をあげますから，一日3回食後30分に服用してください．	약을드릴테니，　하루 세번씩 식후 30분에 복용하십시오. yageul deurilteni, haru sebenssig sighu samsibbune bogyonghasibsio. ヤグルドリルテニ，　ハル セボッシックシ ックフサムシップブネ ボキョングハシップシオ.
昨日から下痢をしています．胃腸薬をください．	어제부터 설사를 합니다. 위장약을 주십시오. eojebuteo seolsareul hamnida. wijangyageul jusibsio. オチェブト ソルサルハムニダ.　ウィ チャング ヤグル チュシッッシオ.
何の病気ですか？　入院の必要がありますか？	무슨 병입니까？ 입원해야 합니까？ museun byeongimnigga? ibweonhaeya hamnigga? ムスン ビョングイムニカ？ イボンヘヤ ハム ニカ？

原因は何でしょう？いく
日たてばなおりますか？

원인은 무엇일까요? 며칠이
weonineun mueosilggayo? myeochilina geol-
ウォニヌン ムオシ_ルカヨ? ミョチリナコ

나 걸려야 나을까요?
ryeoya naeulggayo?
_ルリョヤ ナウ_ルカヨ?

2～3日ホテルで，休養し
なくてはなりません．

이삼일 호텔서 휴양을 하셔
isamil hotelseo hyuyangeul hasyeoyages-
イサミ_ルホテ_ルソ ヒュヤングウ_ル ハショ

야 겠읍니다.
seumnida.
ヤ ケッス_ムニダ.

歯が痛みます．

이가 아픕니다.
i ga apeumnida.
イカ アプ_ムニダ.

この歯は，抜いたほうが
よい．

이 이는 빼는 것이 좋겠읍니
다.
i ineun bbaeneungeosi jokesseumnida.
イ イヌ_ン ペヌ_ンコシ チョケッス_ムニダ.

旅行中ですから，なるべ
く抜かないでください．

여행중이니 될수 있는대로 빼
yeohaengjungini doilsu issneundaero bbaeji-
ヨヘングチュングイニ テ_ルスゥ イッヌ_ン

지 않도록 해 주시오.
antorog hae jusio.
テロ ペチ アントロ_グヘチュシオ.

応急の治療だけしてあげ
ます．

응급치료만 해 올리겠읍니다.
eunggeubchiryoman hae olrigesseumnida.
ウンググップチリョマ_ン ヘ オ_ルリケッス
_ムニダ.

鎮痛剤をあげますから，
すぐお飲みなさい．この
薬はよく効くから痛みは
止まります．

진통제를 드릴테니, 곧 드십
jintongjereul deurilteni, god deusibsio.
チ_ント_{ング}チェル_ルドリ_ルテニ,コッドシッ

시오. 이 약은 효과가 좋아
iyageun hyogwaga joa geumbang tongjeungi
_ッシオ. イヤグ_ン ヒョク_ァカ チョア グ_ム

금방 통증이 가십니다.
gasimnida.
パ_{ング} ト_{ング}チュ_{ング}イ カシ_ムニダ.

2〜3日食慾がありません。	이삼일 식욕이 없읍니다. isamil sigyogi eobseumnida. イサミル シキョキ オップスムニダ.
夜眠れなくて困ります。 睡眠薬をください。	밤에 잠이 안와서 곤란합니 bame jami anwaseo golanhamnida. バメ チャミ アンワソ コルランハムニダ. 다. 수면제를 주세요. sumyeonjereul juseyo. スゥミョンチェルルチュセヨ.
この処方箋を薬局に持って行きなさい。	이 처방전을 약국에 가져 가 i cheobangjeoneul yagguge gajyeogasio. イ チォバングチォスルヤッククケ カチォ 시오. カシオ.
診察料はおいくらですか？	진찰료는 얼맙니까? jinchalryoneun eolmamnigga? チンチァルリョヌン オルマムニカ？
明日もう一度診察したほうがよい。	내일 다시 한번 진찰하는 것이 좋겠어요. naeil dasi hanbeon jinchalhaneun geosi jo- ネイル タシ ハンボン チンチァルハヌン コ 이 좋겠어요. kesseoyo. シ チョケッソヨ.
診療時間は何時から何時までですか？	진찰 시간은 몇시부터 몇시까 jinchal siganeun myeossibuteo myeossigga- チンチァルシカヌン ミョッシブトミョッ 지입니까? jiimnigga? シカチイムニカ？
附き添い人を雇うことができますか？	돌봐 줄 사람을 쓸수 있읍니 dolbwa jul sarameul sseulsu isseumnigga? トルバチュルサラムル ツルスゥイッスムニ 까? gga? カ？
内科の外来受付はどこでしょうか？	냇과 외래환자 수부는 어딥 naesgwa oiraehwanja subuneun eodimni- ネックァ オェレファンチァ スゥブヌン オ 니까? gga? ディムニカ？

第3病棟の1階です。

제3 병동의 1 층입니다.
jesam byeongdongeui ilcheungimnida.
チェサムビョングトングエイルチュングイムニダ

18. 野　　球

18. 야　　구

お天気がよくなつたから
野球を見に行かう。

날씨가 좋으니, 야구나 보러 갑시다.
nalssiga joheuni, yaguna boreo gabsida.
ナルシカ チョウニ, ヤクナボロ カップシダ

今日の試合は大試合ですか？

오늘 경기는 빅 게임입니까?
oneul gyeonggineun big geimimnigga?
オスル キョングキヌン ビックケイミムニカ？

実業チームの決勝戦です。す。この群集から見てもどんな大試合であるかおわかりでしょう。

실업팀의 결승전입니다. 이 군중들만 보아도 얼마나 큰 시합인가 알 수 있을 겁니다.
sileobtimeui gyeolseungjeonimnida. i gunjungdeulman boado eolmana keun sihabinga alsu isseul geomnida.
シルオップティメ キョルスングチョンイム ニダ. イクッチュングトルマン ボアト オルマナクン シハビッカ アルスゥイッスル コムニダ.

おお、では韓国野球選手権争覇戦ですね。やっぱり野球は人気がある。

음, 그럼 한국 야구선수권쟁패전입니다그려. 아뭏든 야구는 인기가 있읍니다.
eum, geureom hangug yaguseonsu gweon jaengpaejeon imnidageuryeo. amuteun yagu neun ingiga isseumnida.
ウム, グロム ハンクック ヤクソンスゥク オン チェングペチォンイムニダグリョ. ア ムッドンヤクヌン インキカ イッスムニダ.

職業選手になるのは難しいでしょうね。

직업선수가 되기는 퍽 어렵겠군요.
jigeob seonsuga doigineun peog eoryeobgess-gunyo.
チコッオ ソンスゥカ テキメン ポック オ リョメケックンヨ.

立派な職業選手になることは容易ではありませ

훌륭한 직업선수가 되기는 그
hullyunghan jigeobseonsuga doigineun geu-
フルリュングハン チコッブソンスゥカ ト

ん.

렇게 쉽지 않습니다.
reoke swibji anseumnida.
ェキヌン ゾロケ スィッチ アンスムニダ.

大変ゲームが白熱してい
ますが得点はどうなつて
いますか？

한창 게임이 익사이팅한데 득
hanchang geimi igsaitinghande deugjeomeun
ハンチァング クイミ イックサイティング
점은 어떻게 되어 있읍니까？
eoddeoge doieo isseumnigga?
ハンテ ドックチォムン オトケ トェオイ
ッスムニカ？

三対二で第一銀行が勝つ
ています。

삼대이로 제일은행이 이기고
samdaeiro jeileunhaengi igigo isseumnida.
サムテイロ チェイルウンヘングイ イキコ
있읍니다.
イッスムニタ.

あの打者は誰ですか？

저 타자는 누굽니까？
jeo tajaneun nugumnigga?
チォ タチァヌン ヌクムニカ？

あれは金一竜と言つて有
名な強打者です。彼はき
つと首位打者でしょう。

저 사람은 김일룡이라는 유
jeo sarameun gimilyongiraneun yumyeonghan
チォサラムン キミルリョングイラヌヌ ユミ
명한 강타자입니다. 그는 분
gangtajaimnida.　　　　　geuneun bun-
ョングハン カング タチァイムニタ. グヌン
명 수위타자일겁니다.
myeong suwitajailgeomnida.
プンミョング スゥウィタチァイルコムニ
タ.

やっ，あのヒットは慥か
に三塁打だ。

야！ 저 히트는 틀림없이 삼
ya! jeo hiteuneun teulim eobsi samrutada.
ヤ！ チォ ヒットヌントルリムオッシ サ
루타다.
ムタダ.

三塁打どころか　野手が
受け損つた。

삼루타 정도가 아니야！ 야
samruta jeongdoga aniya. yesuga boleul
サムルタ チォングトカ アニヤ. ヤスゥガ
수가 볼을 놓쳤어！
nocheosses!
ボルル ノッチォッソ.

彼は時時ホムランをやり
ますか？

그는 때때로 호므런을 칩니
geuneun ddaeddaero homeureoneul chimnig-
クヌン テテロ ホムロンウルチムニカ？

까？
ga?

彼はもうこのシーズン六本のホムーランを出しています。

그는 벌써 이번 시즌에서 여섯
geuneun beolsseo ibeon sijeuneseo yeoseos-
グヌン ボルソ イボン シズンエソ ヨソッ

개의 호므런을 내고 있읍
니다.
gaeeui homeureoneul naego isseumnida.
ケエ ホムロンウル ネコ イッスムニダ.

遂に第一銀行が勝ちました。なかなかの大ゲームでした。

드디어 제일은행이 이겼읍니
deudieo jeileunhaengi igyeosseumnida.
ドディオ チェイルウンヘングイ イキョッ

다. 퍽 큰 게임이었읍니다.
peog keun geimieosseumnida.
スムニダ. ポック クン ゲイミオッスムニ
ダ.

四対五とはいい得点だ。

사대 오라면 좋은 득점입니다.
sdae oramyeon joeun deugjeomimnida.
サテオラミョン チョウンドックチォミムニ
ダ.

一方的の勝負は誠に詰らないものです。

일방적인 게임은 실로 재미
ilbangjeogin geimeun silro jaemiga eobseum-
イルバングチォギン ゲイムン シルロ チェ

가 없읍니다.
nida.
ミカ オップスムニダ.

第八回目には双方共得点がありませんでした。

팔회에는 쌍방이 다 득점이
palhoieneun ssangbangi da deugjeomi eobss-
バルフェエヌン サングバングイ タ ドック

없었읍니다.
eosseumnida.
チォミオップソッスムニダ.

第九回目の表第一銀行が犠牲打で一点を得ました。

구회 초에는 제일은행이 희생
guhoi choeneun jeileunhaengi hisaengtaro
クフェ チョエヌン チェイルウンヘングイ ヒ

타로 한 점을 얻었읍니다.
han jeomeul eodeosseumnida.
セングタロ ハンチォムルオトッスムニダ.

両軍とも守備は申分ありませんでしたね。

양군다 수비는 빈틈없었읍니
yanggunda subineun binteum eobsseosseum-
ヤングクン タ スゥビヌン ビントムオッブ

다.
nida.
ソッス▲ニダ.

打撃は第一銀行の方が少
し優れていました。

타격은 제일은행 편이 약간
tagyeogeun jeileunhaeng pyeoni yaggan
タキョグンチェイルウンヘング ピョニ ヤ
나았었읍니다.
naasseosseumnida.
ッカン ナアッソッス▲ニダ.

19. 蹴　　球

フットボールには二種類
あるでしょうね。

そうです。米式蹴球とア
ソセイション。

二つとも外になんと呼ば
れますか？

ラグビーとサッカーと言
われます。

ラグビーとサッカーはど
う違ひますか？

ラグビーは十五人，サッ
カーは十一人でやりま
す。

19. 축　　구

풋볼은 두 종류가 있지요.
pusboleun du jongryuga issjiyo.
プッボルントゥチョングリュカ イッチョ.

그렇습니다. 미식 축구와 어
geureosseumnida.　misig chugguwa eosose-
グロッス▲ニダ. ミシック チュックワ オソ
소세이션.
isyeon.
セイション.

그 밖에는 무어라고 합니까？
geubaggeneun mueorago hamnigga?
グバケヌン ムオラコ ハ▲ニカ？

럭비와 사커라 합니다.
reogbiwa sakeora hamnida.
ロッタビワ サコラハ▲ニダ.

럭비와 사커는 어떻게 다르
죠？
reogbiwa sakeoneun eoddeoke dareujyo?
ロックビワ サコヌン オトケ タルチョ？

럭비는 열다섯 사람, 사커는
reogbineun yeoldaseos saram, sakeoneun
ロックビヌン ヨルタソッサラム, サコヌン
열한사람이 합니다.
yeolhan saramihamnida.
ヨルハンサラミハ▲ニダ.

得点は同じ方法ですか？

득점은 똑같은 방법으로 합
deugjeomeun ddoggateun bangbeobeuro ham
ドックチォムッ トックカットッバングボブ

니까？
nigga?
ロハムニカ？

いや，サッカーでは球が
ゴールしなければ得点に
なりませんが，ラグビー
では横棒を越えればよい
のです。

아니요, 사커에서는 공을 골
aniyo, sakeoeseoneun gongeul gole neochi
アニョ，サコエソヌッ コングウル コルエ

에 넣지 못하면 득점이 안됩
moshamyeon deugjeomi andoimnidaman,
ノッチ モッハミョッ ドックチォミア

니다만, 럭비에서는 골대만
reogbieseoneun goldaeman neom
ットェムニダマッ ロックビエソヌッ，コル

넘어도 됩니다.
eodo doimnida.
テマッノモト トェムニダ.

ボールの扱ひ方は違ひま
すか？

볼의 취급방법이 다릅니까？
boleui chwigeubbangbeobi dareumnigga?
ボルエ チクップバングボビタルムニカ？

そうです。サッカーでは
ゴールキーパーのみボー
ルを手に持ちますが，ラ
グビーでは誰でも手に持
ってよいのです。

그렇습니다.　사커에서는 골
geureosseumnida. sakeoeseoneun golkipeoman
グロッスムニダ. サコエソヌッ コルキポマ

키퍼만 손으로 공을 잡을 수
soneuro gongeul jabeul su issjiman, reogbi-
ッ ソヌロ コングウル チァブルスウィッ

있지만, 럭비에서는 누구나
eseoneun nuguna soneuro jabeul su isseumni
チマッ ロックビエソヌッ ヌクナ ソッウロ

손으로 잡을 수 있읍니다.
チァブルスウ イッスムニダ.
da.

サッカで若し他の者が球
に手や腕を触れるとファ
ウルになりますか？

사커에서 만일 다른 사람의
sakeoeseo manil dareun sarameui sonina pali
サコエソ マニル タルッ サラエ ソニナ パ

손이나 팔이 공에 닿았을 때
gonge daasseul ddaeneun pauli doimnigga?
リ コングエ タアッスルデマッ パウルイ

는 파울이 됩니까？
トェムニカ？

ええ，そんなことをすれ
ば相手方がペナルティキ
ックを得ます。

네, 그런짓을 하면 상대방이
ne. geureonjiseul hamyeon sangdaebangi
ネ，グロンヂスルハミョン サングテバンク
페널티 킥을 얻읍니다.
peneolti kigeul eosseumnida.
イ ペノルティ キグル オッスムニダ.

両ゲームには他に大きな
差異がありますか？

양 게임에 그외 큰 차이가 있
yang geime geuoi keun chaiga isseumnigga?
ヤングゲイメ グウェ クンチァイカ イッス
읍니까？
ムニカ？

ええあります。ラグビー
は卵形の球を使ひますが
サッカーは円いのです。

예 있읍니다. 럭비는 타원형
ye isseumnida.　　　　reogbineun taweonhy-
イェ イッスムニダ. ロックビヌン タウォ
의 공을 씁니다만, 사커는 둥
eongeui gongeul sseumnidaman, sakeoneun
ンヒョングエ コングウル ツムニダマン,
근 것입니다.
dunggeun geossimnida.
サコヌン トゥンググンコッイムニダ.

随分沢山の人が試合を見
ていますね。

굉장한 사람이 게임을 보고
goingjanghan sarami geimeul bogo issgunyo.
ケングチァングハン サラミ ゲイムルボコ
있군요.
イックンヨ.

今日こんな立派な試合を
見ることが出来るとは思
いませんでした。

오늘 이렇게 훌륭한 게임을
oneul ireoke hulryunghan geimeul boljuleun
オスル イロケ フルリュングハン ゲイムル
볼줄은 몰랐읍니다.
molrasseumnida.
ボルチュルン モルラッスムニダ.

延高戦は本当に立派な試
合です。

연고전은 정말 훌륭한 게임
yeogojeoneun jeongmal hulyunghan geimim-
ヨンコチォヌン チォングマルフルリュング
입니다.
nida.
ハンゲイミムニダ.

あの上着を着けた人は誰
ですか？

저기 상의를 입은 사람은 누
jogi sangeuireul ibeun sarameun nugunmi
チョキ サングイルル イブン サラムン ヌ

굽니까?
gga?
ク∠ニカ？

あれは審判です.

저분은 심판입니다.
jeobuneun simpanimnida.
チォブヌン シュパンイ∠ニダ.

タッチラインの側にいる
二人は何をしますか？

터치라인쪽에 있는 두 사람
teochirain jjoge issneun du sarameun mweol
トチラインチョケ イッヌン トゥ サラムン

은 뭘 합니까？
hamnigga!
ムォルハ∠ニカ？

あの二人はタッチヂャッ
ヂで審判を助けます.

저 두 사람은 터치저지로 심
jeo du sarameun teochijeojiro simpaneul
チォトゥサラムン トチチォチロ シュパスル

판을 돕습니다.
dobseumnida.
トッブス∠ニダ.

非常に長いドリブルをや
ってゴールインになりま
した.

퍽 길게 드리블해서 골인 되
peog gilge deuribeulhaeseo golin doieosseum-
ポックキルケ ドリブルヘソ コルイン トェ

었읍니다.
nida.
オッス∠ニダ.

審判はゴールインを宣告
しました.

심판은 골인임을 선언했읍니
nimpaneun golinimeul seoneon haesseumni-
シュパヌン ゴルインイムル ソンオンヘッス

다.
da.
∠ニダ.

後半に二回入れました.

후반에 둘을 넣었읍니다.
hubane duleul neoeosseumnida.
フバネ トゥル ノオッス∠ニダ.

五対三で高麗大の勝ちだ
った.

오대 삼으로 고려대가 이겼읍
니다.
odae sameuro goryeodaega igyeosseumnida.
オテサムロ コリョテカ イキョッス∠ニダ.

私はこの競技は慥かに男
らしい男をつくる競技だ
と思ひます。

これ以上に男性的な競技
は外にあまりありません
でしょう。

20. テニス

テニスはお好きですか？

はい，少しばかり好きで
す。

グラスコートとハードコ
ートではどちらがよいで
すか？

グラスコートの方が非常
によいのですがなかなか
ありません。

今度の日曜には泰陵のテ
ニスコートに行こうでは

나는 이 경기는 확실히 남자
naneun igyeonggineun hwagsilhi namjadaur
ナヌン イキョングキヌン ファクシリナム

다운 남자를 만드는 경기라
namjareul mandeuneun gyeonggira saeng
チァタウッ ナムチァルル マンドヌンキョ

생각합니다.
gaghamnida.
ングキラ センッグカックハムニダ.

이 이상 남성적인 경기는 따
i isang namseongjeogin gyeonggineun ddaro
イイサング ナムソングチォキヌ キョングク

로 없다 하겠읍니다.
eobda hagesseumnida.
キヌン タロオッブタ ハケッスムニダ.

20. 테니스

테니스를 좋아하십니까？
teniseureul joahasimnigga?
テニスルルチョアハシムニカ？

네, 약간 좋아합니다.
ne, yaggan joahamnida.
ネ，ヤックカンチョアハムニダ.

그라스코트와 하드코트중 어
geuraseukoteuwa hadeu koteujung eoneuge-
クラスコトワ ハドコト チュング オスコス

느 것을 좋아하십니까？
oseul joa hasimnigga?
ルチョア ハシムニカ？

그라스코트가 훨씬 좋겠읍니
geuraseukoteuga hweolssin jokesseumni da-
グラスコトカ フォルシン チョケッスムニ

다만, 그리 흔치 않습니다.
man, geuri heunchi ansseumnida.
ダマン，グリ フンチ アッスムニダ.

이번 일요일에는 태릉 테니스
ibeon ilyoileneun taereung teniseukoteue
イボンイリョイルエヌ デヌングテニスコ

ありませんか？	코트에 가시지 않겠읍니까? gasiji ankesseumnigga? トエ カシチ アンケッスムニカ？
結構です．友達を二三人連れて行つてもよいですか？	좋습니다. 친구 두서넛 데리 joseumnida. chingu duseoneos derigo gado チョッスムニダ．チンク トゥソノッ テリ 고 가도 좋겠읍니까? jokesseumnigga? コ カト チョッケッスムニカ？
多い程結構です．是非妹さんも連れて来て下さい．	많을수록 좋습니다. 꼭 매씨 maneulsurog josseumnida. ggog maessido マヌルスウロック チョッスムニダ．コック 도 데리고 오십시오. derigo osibsio. メシド テリコ オシップシオ．
妹は生憎外に試合があるので出られません．	누이는 공교롭게도 시합이 있 nuineun gonggyorobgedo sihabi isseo naoji ヌイヌン コングキョロッケト シハビ イ 어 나오지 못합니다. moshamnida. ッソ ナオチ モッハムニダ．
単試合にしましょうか，複試合にしましょうか，それとも混合試合にしましょうか？	단식으로 할까요, 복식으로 dansigeuro halggayo,　bogsigeuro halgg- タンシグロ ハルカヨ，　ボックシグロ 할까요, 아니면 혼합식으로 ayo,　animyeon honhabsigeuro halgg- ハルカヨ，アニミョン ホンハップシグロ ハ 할까요? ayo? ルカヨ？
まず複試合から始めましょう．	우선 복식으로 시작합시다. useon bogsigeuro sijaghabsida. ウソン ボックシグロ シチァクハップシダ．
三回勝負をやりましょう．やあ私共の方がトスに勝ちました．	삼판 양승으로 합시다. 야, 우 sampan yangseungeuro habsida.　ya— サムパンヤングスングウロ ハップシダ．ヤ 리편이 토스에 이겼읍니다. uri pyeoni toseue igyeosseumnida. ーウリ ピョニ トスエ イキョッスムニダ．

どちら側を選びますか？

어느 쪽을 택하시겠읍니까?
eoneu jjogeul taeghasigesseumnigga?
オヌチョグル テックハシケッスムニカ？

レシーブ側を選びます．
審判は誰にしますか？

리시브 쪽을 하겠읍니다. 심
risibeu jjogeul hagesseumnida.　　　sim-
リシブチョグルハケッスムニダ.　　　シム

판은 누가 합니까?
paneun nuga hamnigga?
パヌン ヌカハムニカ？

私共がサーヴ側ですか？
審判は次の組のものから
出して下さい．

우리가 서브쪽입니까? 심판
uriga seobeujjogimnigga?　　　simpan-
ウリカ ソブチョギムニカ？　　　シュパ

은 다음 조에서 나와 주시오.
eun daeum joeseo nawajusio.
ヌン タウムチョエソ ナワチュシオ.

少し練習をさせて下さ
い．このボールはよくバ
ウンドします．

조금 연습시간을 주십시오.
jogeum yeonseubsiganeul jusibsio.
チョグムヨッスップシカヌル チュシップシ

이 볼은 바운드가 좋습니다.
i boleun baundeuga josseumnida.
オ. イボルン バウンドカ チョッスムニダ.

君のボールはネットへあ
たりました．

당신 공은 네트에 걸렸읍니
다.
dangsingongeun neteue geolryeosseumnida.
タングシンコングウン ネトエ コルリョッ
スムニダ.

第二のボールはうまくサ
ーヴしましょう．

둘쨋번 볼은 잘 서브하시오.
duljjaessbeon boleun jal seobeuhasio.
トゥルチェッボンボルン チァル ソブハシ
オ.

おやおや，受け損じた．
なかなかスピードのある
球だ．

어！ 받지 못하겠군. 굉장한
eo! badji moshagessgun. goingjanghan sog-
オ！ バッチモッハケックン. ケングチァン

속공이야.
gongiya.
グハン ソックコング イヤ.

十五対二十で私共の方が
勝っています．このゲー

십오대 이십으로 우리 편이
sibodaeisibeuro uri pyeoni igigo
シボテ イシブロ ウリピョニ イ

ムはこちらのものかも知
れません．

이기고 있읍니다. 이 게임은
isseumnida.　　　　i geimeun uriga
キコ イッスムニダ. イ ケイムッ ウリカイ

우리가 이길것 같습니다.
igilgeos gatseumnida.
キルコッカッスムニダ.

試合はこれからです．最
後まで頑張らねばなりま
せん．

게임은 이제부텁니다.　　최후
geimeun ijebuteobnida.　　　　choihu
ケイムッ イチェブトムニダ.　　　チェフ

까지 열심히 하지 않으면 안
ggaji yolsimhi haji aneumyeon andoimnida.
カチ ヨルシミ ハチ アヌミョッ アンテム

됩니다.
ニダ.

今度でゲームがきまりま
す．タイにしたくありま
せん．

이번으로써 승부가 결정됩니
ibeoneurosseo seungbuga gyeoljeongdoimni-
イボヌロソ スングブカ キョルチョングテ

다.　타이를 만들고 싶지 않
da. taireul mandeulgo sipji anseumnida.
ムニダ. タイルル マンドルコ シッチア

습니다.
ンスムニダ.

ゲーム・セットです．私
共が負けです．ほんとう
に面白かつた．

게임 세트입니다. 우리가 졌
geim seteuimnida.　　　　uriga jyeosseum-
ケイム セットイムニダ. ウリカ チォッ

읍니다.　참으로 재미있었읍
nida.　　　　chameuro jaemiisseosseumn-
スムニダ. チァムロ チェミイッソッス

니다.
ida.
ムニダ.

今日はばかに蒸すね．何
所かへ泳ぎに出かけまし
ょうか？

오늘은 퍽 찌는군요. 어디로
oneuleun peog jjineungunyo.　　eodiro suy-
オヌルッ ポック チヌングンヨ. オティ

수영하러 안가시렵니까？
eong hareo angasiryeomnigga?
ロ スゥヨングハロ アンカシリョムニカ？

真夏です．水に浸からないではおられません．

제일 더울때죠. 물에 들어가
jeil deoulddaejyo.　　　　mule deuleogaji an-
チェイルトウルテチョ．ムレドゥルオカチ

지 않고는 못배기겠군요.
koneun mosbaegigessgunyo.
アンコヌン　モッベキケックンヨ．

何処で泳ぎましょうか，プールがよいですか，それとも川か海にしますか？

어디서 수영을 하죠, 풀이
eodiseo suyeongeul hajyo?　　　puli jo-
オティソ　スゥヨングウルハチョ？　プルイ

좋을까요? 그렇잖으면 내나
eulggayo?　　　geureohchaneumyeon naena
チョウルカヨ，　グロチャヌミョン　ネナ

바다로 할까요?
badaro halggayo.
バタロ　ハルカヨ？

水が綺麗でよいから八堂へ行きましょう．

물이 맑고 좋으니까 팔당으
muli malgo joeunigga paldangeuro
ムリ　マルコ　チョウニカ　パルタングウロ

로 갑시다.
gabsida.
カッブシダ．

君は何時泳ぎを習つたのですか？

당신은 언제 헤엄을 배웠읍
dangsineun eonje heeomeul baeweosseumni-
タングシヌン　オンチェ　ヘオムル　ベウォッ

니까?
gga?
スムニカ？

田舎の中学校にいる時です．

시골서 중학교에 다닐때 배
sigolseo junghaggyoe danilddae baeweosse-
シコルソ　チュングハックキョエ　タニルテ

웠읍니다.
umnida.
ベウォッスムニダ．

君の泳ぎぶりからみると上手のやうですね．

당신 헤엄 솜씨는 보통이 아
dangsin heeom somssineun botongi anigun-
タングシン　ヘオムソムシヌン　ボトングイ

니군요.
yo.
アニクンヨ．

いや，それ程でもありま
せん．ただ普通の平泳ぎ
しか出来ません．

아니, 별 말씀을. 그저 보통
ani, byeol malsseumeul.　geujeo botong
アニ．ビョ_ルマルツム_ル．グチョ ボト_ッ
개구리 헤엄밖에 못칩니다.
gaeguri heeombagge moschimnida.
グケクイ ヘオ_ムバケ モッチ_ムニダ.

構つたことはありませ
ん．すぐクロールや背泳
を教へましょう．

별거 아니에요. 크롤이나 배
byeolgeo anieyo.　keurolina baeyeo·
ビョ_ルコ アニエヨ．クロ_ルイナ ベヨ
영을 가르쳐 드리지요.
ngel gareuchyeo deurijiyo.
_ングウ_ルカル チョ ドリチヨ.

クロールを習ふのは難し
くありませんか？

크롤을 배우기는 어렵지 않
keuroleul baeugineun eoryeobji anseumnig-
クロル_ル ベウキヌ_ン オリョ_ッチ アンス_ム
습니까？
ga?
ニカ？

いや，別に難しくはあり
ませんが，上手になるの
は容易でありません．

아니, 별로 어렵지는 않습니
ani, byeolro eoryeobjineun anseumnidaman,
アニ, ビョ_ルロ オリョ_ッチヌ_ン アンス_ム
다만, 잘하기는 쉽지 않습니
jal hagineun swibji anseumnida.
ニダマ_ン, チャ_ルハキヌ_ン スィ_ッチ ア_ッ
다.
ス_ムニダ.

失礼ですがあなたはどれ
位泳げますか？

실례입니다만, 당신은 어느
silryeimnidaman,　dangsineun eoneu jeon-
シ_ルリェイ_ムニタマ_ン, タ_ッグシヌ_ン オヌ
정도나 헤엄칠수 있읍니까？
gdona heeomchilsu isseumnigga?
チョ_ングトナ ヘオ_ムチ_ルスゥ イ_ッス_ムニ
カ？

屢屢遠泳ぎをやりますが
まづ五六里でしょう．

늘 멀리 나가 보지만, 오륙
neul meoli naga bojman,　oryugnie
ヌ_ル モ_ルリナカ ボチマ_ン, オリュ_クニ
리에 불과할 거예요.
bulgwahal geoyeyo.
リエ ブ_ルクァハ_ル コイェヨ.

ここに飛び込み台のない
のはつまらないです。

여기에 뜀틀이 없는 것은 말
yeogie ddwimteuli eobneun geoseun maldo
ヨキエ ティムトリ オッブヌン コスンマル

도 안됩니다.
andoimnida.
ト アントェムニダ.

もしあったなら，ハイダ
イブをやってみるのだ
が。

만일 있다면 하이다이브를 해
manil issdamyeon haidaibeureul haebwasseu-
マニル イッタミョン ハイタイブル ヘバ

봤으면 하는데…….
myeon haneunde….
ッスミョン ハヌンテ….

こんなに澄んだ水の中に
潜ったら底が見えるかも
知れない。

이렇게 맑은 물속에 들어가
ireoke malgeun mulsoge deuleogamyeon mit-
イロケ マルグン ムルソケ ドルオカミョン

면 밑바닥이 보일것 같군요.
badagi boilgeos gatgunyo.
ミッパタギ ボイルコッ カックンヨ.

君はどの位水中にいるこ
とが出来ますか？

당신은 물속에서 얼마나 있
dangsineun mulsogeseo eolmana isseul su
タッシヌン ムルソケソ オルマナ イッス

을 수 있읍니까？
isseumnigga!
ルスゥイッスムニカ？

二三分です。時に水中で
魚を取ることがありま
す。

이삼분입니다.　때로는 물속
isambunimnida.　ddaeroneun mulsog-
イサムプニムニダ. テロヌン ムルソケソ

애서 고기를 잡는 수도 있읍
니다.
eseo gogireul jabneun sudo isseumnida.
コギルル チァブヌンスゥト イッスムニダ.

まるで人魚のょうです
ね。僕も潜り方を習いた
いものです。

꼭 인어같습니다.　나에게도
ggog ineogatseumnida.　naegedo
コックインオカッスムニダ. ナエケト

잠수방법을 가르쳐 주시오.
jamsubangbeobeul gareuchyeojusio.
チァムスゥバングボブル カルチォ チュシ
オ.

何時でも教へてあげま
しよう。

언제든 가르쳐 드리지요.
eonjedeun gareuchyeo deurijiyo.
オンチェドン カルチォドリチヨ.

ょう．水のあまり深いと
ころへ行くのは危険で
す．

너무 깊은데 들어가면 위험
neomu gipeunde deuleogamyeon wiheomha-
ノム キプンテ ドゥルオカミョン ウィホ▲

합니다.
mnida.
ハ▲ニダ.

時に，君はこむらがへり
をおこしますか？

이따금 당신은 쥐가 납니까？
iddageum dangsineun jwiga namnigga?
イタグ▲タ▲グシヌ▲チゥィカナ▲ニカ？

いいえ，滅多にありませ
ん．

아니, 좀처럼 안납니다.
ani, jomcheoreom annamnida.
アニ，チョ▲チォロ▲ アンナ▲ニダ.

上手に泳ぐ人が時時こむ
らがへつて溺れます．

헤엄 잘치는 사람이 때때로
heeom jal chineun sarami ddaeddaero jwiga
ヘオ▲チァルチヌ▲ サラミ テテロ チゥィ

쥐가 나서 빠져 죽는 수가 있
naseo bbajyeo jugneun suga isseumnida.
カナソ パチォ チュクヌンスゥカ イッス▲

읍니다.
ニダ.

22. スキーとスケート

22. 스키와 스케이트

スキーの季節になりまし
た．

스키의 계절이 되었읍니다.
seukieui gyejeoli doieosseumnida.
スキエ ケチォリ トェオッス▲ニダ.

どこかへスキーに行きま
せんか？

어디 스키타러 안가시겠읍니
까？
eodi seukitareo angasigesseumnigga?
オディ スキタロ アンカシケッス▲ニカ？

スキーに好適の場所はど
こですか？

스키탈만한 곳은 어딥니까？
seukitalmanhan goseun eodimnigga?
スキタ▲マンハンコス▲ オディ▲ニカ？

大関嶺は絶好の場所で
す．

대관령은 절호의 장솝니다.
daekwanryeongeun jeolhoeui jangsomnida.
テクァ▲リョングウ▲ チォルホエ チァ▲
グソ▲ニダ.

雪の量はいつも多いです
か？

눈이 늘 많습니까？
nuni neul manseumnigga?
ヌニ ヌ▲ マッス▲ニカ？

ええ，雪飢饉の時でも随分沢山の雪があります．

예, 눈이 귀한 때에도 꽤 많
ye, nuni gwihan ddaedo ggwae maneun
イェ，ヌニ クィハン テエト クェマヌッ ヌ
은 눈이 있읍니다.
nuni isseumnida.
ニ イッスㇺニダ.

今日の雪はどうですか？

오늘 눈은 어떻습니까?
oneul nuneun eoddeosseumnigga?
オヌル ヌヌッ オトッスㇺニカ？

少少固まつています．

다소 딱딱합니다.
daso ddagddaghamnida.
タソ タック タックハㇺニダ.

少し粉雪だといいのだが．

약간 가루눈이면 좋겠는데.
yaggan garununimyeon jokessneunde.
ヤックカッ カルヌニミョッ チョケッヌッ
テ.

今日はスキーにはいい位の雪です．

오늘은 스키타기 알맞은 눈
입니다.
oneuleun seukitagi almajeun nunimnida.
オヌルッ スキタキ アルマズッヌニㇺニダ.

貴方はスキーに十分ワックスを塗りましたか？

당신은 스키에 왁스를 듬뿍
dangsineun skie wagseureul deumbbug bal-
タッグシヌッ スキェ ワックスルㇽ ドㇺプ
발랐읍니까?
rasseumnigga?
ックバㇽラッスㇺニカ？

スキーや杖の用意は出来ましたか？

스키와 지팡이 준비는 되었
seukiwa jipangi junbineun doieosseumnigga?
スキワ チパッグイ チュッビヌッ テオッス
읍니까?
ㇺニカ？

昇りはひどく滑ってしまった．

올라갈 때는 꽤 많이 미끄러
olragal ddaeneun ggwae mani miggeureo-
オㇽラカㇽテヌッ クェマニ ミグロチォッ
졌읍니다.
jyeosseumnida.
スㇺニダ.

テレマークが出来ますか？

텔레마크는 할줄 아십니까?
telemakeuneun haljul asimnigga?
テㇽレマクヌㇴ ハㇽチュㇽ アシㇺ二カ？

私はスキーは下手です。またやっと滑れる位なんです。

나는 스키를 잘 못탑니다.
naneun seukireul jal mostamnida.
ナヌㇴ スキㇽル チャㇽモッタㇺ二ダ.

이제 겨우 미끄러질 줄 아는 정-
ije gyeou miggeureojil jul aneun jeong-
イチェ キョウ ミクロチㇽチュㇽ アヌㇴチ

정도입니다.
doimnida.
ォㇴグトイㇺ二ダ.

私にもクリスチァニヤはまた難しい。

나에게도 크리스차니아는 아-
naegedo keuriseuchanianeun ajig eoryeobse-
ナェゲト クリスチァニアヌㇴ アチック オ

직 어렵습니다.
umnida.
リョㇷ゚スㇺ二ダ.

——◇——

——◇——

今朝は氷が薄く張っている。

오늘 아침에는 살얼음이 얼-
oneul achimenun saleoleumi eoleosseumnida.
オヌㇽ アチメヌㇴ サロルミ オロオッスㇺ

었읍니다.
nida.
二ダ.

スケートに一番好場所はどこです？

스케이트 타기 제일 좋은 곳-
seukeiteu tagi jeil joeun goseun eodimnigga?
スケイトタキ チェイㇽ チョウㇴコスㇴ オ

은 어딥니까?
seun eodimnigga?
ディㇺ二カ？

春川湖は最上の場所です。

춘천호가 제일 좋은 곳입니-
chuncheonhoga jeil joeun gosimnida.
チュㇴチォㇴホカ チェイㇽ チョウㇴコシ

다.
mnida.
ㇺ二ダ.

もう今頃は湖水がよく凍っているでしょうね。

지금 쯤은 이미 얼음이 잘 얼-
jigeum jjeumeun imi coleumi ja leoleossgess
チグㇺ チュムㇴ イミ オルミ チャㇽオロッ

ええ，もう氷が破れるやうな憂ひはないでしょう。	네, 얼음이 깨질 염려는 없 nye, eoleumi ggaejil yeomryeoneun eobseul- ネ, オルミ ケチル ヨムリョヌン オップス 을 겁니다. geomnida. ルコムニダ.
去年の冬は珍らしく暖かかったので殆どスケートが出来ませんでした。	작년 겨울에는 이상난동현상 jagnyeon gyeouleneun isangnadonghyeonsan- チァクニョッ キョウレヌン イサング ナッ 으로 거의 스케이팅을 못했 geuro geoeui seukeitingeul moshaesseumni トングヒョンサングウロ コイ スケイティ 읍니다. da. ングウルモッヘッスムニダ.
スケートが好きなのですから残念でした。	스케이트를 좋아하는데 퍽 서 seukeiteureul joahaneunde peog seounhaess- スケイトルル チォアハスンデ ポックソウ 운했읍니다. eumnida. ンヘッスムニダ.
氷が少し凸凹しているようです。	얼음이 약간 울퉁불퉁하군요. eoleumi yaggan ultungbultunghagunyo. オルミ ヤックカン ウルトゥング プルトゥングハクンヨ.
さあ，スケートをしましょう。	자, 스케이트를 탑시다. ja, seukeiteureul tabsida. チァ. スケイトルル タップシダ.
あなたのスケートをもっときつく締めてあげましょう。	당신 스케이트를 꼭 죄어 드 dangsin seukeiteureul ggog joeo deurijiyo. タングシン スケイトルル コックチョイオ 리지요. ドリチヨ.
湖水を一廻りしましょう。	호수를 한바퀴 돕시다. hosureul hanbakwi dobsida. ホスウルル ハンバキトップシダ.

結構です．実に愉快なこ
とです．

좋습니다. 실로 유쾌합니다.
josseumnida. siiro yukwaehamnida.
チョッス▲ニダ. シ▲ロ ユ**ケ**ハ▲ニダ.

大変疲れて来ました．休
みましょう．

대단히 피로합니다. 쉽시다.
daedanhi pirohamnida. swibsida.
テタニ **ピ**ロハ▲ニダ. スィ▲シダ.

そう，私も疲れました．
もうやめますか．

나도 피로합니다. 그만 할까
요.
nado pirohamnida. geuman halggayo.
ナト **ピ**ロハ▲ニダ. グマッハ▲**カ**ヨ.

23. キャンピングとハ
イキング

23. 캠핑과 하이킹

此の暑さではソウルの真
中には居れません．

이런더위에 서울에 있다는 것
ireon deowie seoule issdaneun geseun
イロッ トウィエ ソウレ イ▲タスッコスッ

은 못참을 일입니다.
moschameul ilimnida.
モッ**チ**ァム▲ イリ▲ニダ.

涼しいところでキャンプ
生活をやりたいものです
ね．

시원한 곳에서 캠핑이나 하
siweonhan goseseo kaempingina hago sip-
スィウォッハッ コセソ **ケ**▲**ピ**ッ**グ**イナ ハ

고 싶군요.
gunyo.
コシッ**ク**ッヨ.

何時もの通リキャンプ生
活をやりますか？

여느 때와 같이 캠핑을 하시
yeoneu ddaewa gachi kaempingeul hasiryeom-
ヨヌテワ カッ**チ ケ**▲**ピ**ッ**グ**ウ▲ ハシリ**ョ**

렵니까？
nigga!
▲ニ**カ**?

ええ，やるつもりです．

예, 할 작정입니다.
ye, hal jagjeongimnida.
イェ, ハ▲**チ**ァク**チ**ォッ**グ**イ▲ニダ.

では今年はどこへ行きま
すか？

그럼 금년에는 어디로 갑니
geureom geumnyeoneneun eodiro gamnigga?
グロ▲ グ▲ニ**ョ**ネスッ オディロ カ▲ニ

去年は雪嶽山麓でしたが今年は海雲台へ行きたいと思っています。	작년엔 설악산에서 했으니 금 jagnyeonen seolagsaneseo haesseuni geum- チァクニョネン ソラックサネソ ヘッスニ 년엔 해운대로 갈까 합니다. nyeonen haeundaero galgga hamnida. グムニョネン ヘウンテロ カルカ ハムニダ.
何時も団体で行くのですか？	늘 단체로 갑니까? neul danchero gamnigga? ヌル タンチェロ カムニカ？
普通家族のものだけで行きます。	보통 가족끼리 갑니다. botong gajogggiri gamnida. ボトング カチョックキリ カムニダ.
どんなところに天幕を張るのですか？	어떤 곳에 텐트를 칩니까? eoddeon gose tenteureul chimnigga? オトッコセ テントルル チムニカ？
いつも川とか湖のそばを選びます。	언제나 개울이나 호수가에 칩 니다. eonjena gaeulina hosugae chimnida. オンチェナ ケウリナ ホスゥカエ チムニダ.
不便なこともあるでしょうね。	불편할 때도 있겠지요. bulpyeonhal ddaedo issgessjiyo. プルビョンハルテト イッケッチョ.
ええ，然しキャンプ生活の主な目的は出来るだけ簡単な生活をすることです。	네, 그러나 캠프생활의 주목 ne, geureona kaempeusaenghwaleui jumog- ネ, グロナ ケムプセングファレ チュモッ 적은 될수 있는한 간단한 생 jeogeun doilsu issneunhan gandanhan saeng クチォンク トェルスゥ イッスンハン カン 활을 하는데 있읍니다. hwaleul haneunde isseumnida. タンハン セングファルル ハヌンテ イッスムニダ.
食物はどうするのですか？	먹는건 어떻게 합니까? meogneungeon eoddeogke hamnigga? モックヌンコン オトケハムニカ？

大抵米とか，外の重要な食料品は持って行きます。

대개 쌀이나 그밖의 중요한
daegae ssalina geubaggeui jungyohan sig-
テケ サリナ グバケ チュングヨハン シッ
식품은 가지고 갑니다.
pumeun gajigo gamnida.
ップムン カチコ カムニダ.

副食物にはどんなものがありますか？

부식물은 어떤것이 있읍니까
busigmuleun eoddeongeosi isseumnigga?
ブシックムルン オトンコシ イッスムニカ？

罐詰類やコーンビーフ，ハム，野菜などを使います。

통조림, 콘비프, 햄, 채소등
tongjorim, konbipeu, haem, chaesodeungeu-
トングチョリム, コンビプ, ヘム, チェソ
을 씁니다.
l sseumnida.
ドングウルツムニダ.

どんな所で寝るのですか？

어디서 잡니까？
eodiseo jamnigga!
オディソ チァムニカ？

寝袋に入つてぐっすり眠ることが出来ます。

침낭속에 들어가서 푹 잘 수
chimnangsoge deuleogaseo pug jal su isse-
チムナングソケ ドゥオカソ プックチァル
있읍니다.
umnida.
スゥ イッスムニダ.

——◇——

天気も愈愈定まつてきました。

날씨도 점점 정상이 되어 갑
nalssido jeomjeom jeongsangi doieo gamnida.
ナルシト チォムチォム チォングサングイ
니다.
トェオ カムニダ.

そうです。今はハイキングの好季節です。

그렇습니다. 하이킹의 좋은
geureosseumnida. haikingeui joeun gyejeol
グロッスムニダ. ハイキングエ チョウン
계절입니다.
imnida.
ケチォリムニダ.

近頃ハイキングが人人の間に大分流行していますね.

요즘은 하이킹이 대단히 유
yojeumeun haikingi daedanhi yuhaenghago
ヨチュムッ ハイキッグイ テタニ ユヘッグ

행하고 있읍니다.
isseumnida.
ハコイッスムニダ.

ハイキングは色色な方面でためになります.

하이킹은 여러 방면으로 이
haikingeun yereo bangmyeoneuro irobseum-
ハイキッグウッ ヨロバッグミョッウロ イ

롭습니다.
nida.
ロップスムニダ.

歩く方はお達者ですか?

잘 걸으십니까?
jal geoleusimnigga?
チァル コルシュムニカ?

かなり歩きます.

네, 문제없읍니다.
ne, munjeeobseumnida.
ネ, ムンチェオップスムニダ.

ハイキングに出かけませんか?

하이킹 가시지 않겠읍니까?
haiking gasiji ankesseumnigga!
ハイキッグカシチ アッケッスムニカ?

ええ, それは大変結構なことです.

네, 그것 참 좋습니다.
ne, geugeos cham josseumnida.
ネ, グコッ チァム チョッスムニダ.

どこまで行きましょうか?

어디까지 가실까요?
eodiggaji gasilggayo¿
オディカチ カシルカヨ?

最近有名になつた天摩山へ行こうではありませんか.

요즘 유명해진 천마산 안 가
yojeum yumyeonghaejin cheonmasan anga-
ヨチュム ユミョッグヘチッ チョッマサン

시겠읍니까?
sigesseumnigga?
アッカシケッスムニカ?

そこへ行ったことがありますか?

거기 가보셨읍니까?
geogi gabosyeosseomnigg?
コキ カボショッスムニカ?

いやまだですが, 地図を頼りに行くのです.

아니, 처음입니다만 지도가
ani, cheoeumimnidaman jidoga garikineun
アニ, チォウミュムニダマン チトカ カリキ

	가리키는대로 가렵니다. daero garyeomnida. ヌンテロ　カリョムニダ.
何処まで汽車に乗るので すか？	어디까지 기차를 탑니까？ eodiggaji gichreaul tamnigga? オディ　カチ　キチァル　タムニカ？
磨石まで一時間ばかり乗 ればよいのです．	마석까지 한시간 정도 타면 도임 maseoggaji hansiganjeongdo tamyeon doim- マソック　カチ　ハンシカンチォンット　タミ 됩니다. nida. ヨントェムニダ.
日帰りですか，それとも 一泊ですが？	당일 돌아옵니까, 아니면 일 dangil dolaomnigga,　animyeon ilbagh- タングイル　トラオムニカ,　アニミョン　イル 박합니까？ amnigga? パックハムニカ？
一泊して出来るだけ歩く 方が面白いと思います．	하룻밤 잘 생각하고 될수 있 harusbam jal saenggaghago doilsu issneun- ハルッバム　チァル　セングカックハコ　トェ 는대로 걸어가는 것이 재미 daero geoleoganeun geosi jaemiisseumnida. ルスゥイッ　ヌンテロ　コロカヌンコシ　チェ 있읍니다. ミ　イッス�ムニダ.
それは面白いでしょう． 歩くのがハイキングの目 的だから．	그것이 재미있겠죠. 걷는 것 geugeosi jaemiissgessjyo.　geodneun ge- グコシ　チェミイッケッチョ. コッヌンコシ 이 하이킹의 목적이니까. osi haikingeui mogjeoginigga. ハイキング　エ　モックチォギニカ？
ハイキングは徒歩による 行楽と言ってよい位で す．	하이킹은 도보의 행락이라해 haikingeun doboeui haengragirahaedo ハイキングウン　トボエ　ヘングラギラヘト 도 과언이 아닙니다. gwaeoni animnida. クァオニ　アニ�ニダ.

それですからハイカーは足を大切にせぬといけませんね。

그렇기 땜에 하이커는 발을 아끼지
geureoki ddaeme haikeoneun baleul aggiji
グロキ テメ ハイコヌン バルル アキチ

않으면 안됩니다.
aneumyoen andoimnida.
ア ヌミョン アットェムニダ.

靴の穿き心地が悪いとよく足を傷めます。

구두가 끼면 발을 상하기 쉽
guduga ggimyeon baleul sanghagi swib
クトゥカ キミョン バルル サングハキ スィ

습니다.
seumnida.
プスムニダ.

足の裏に肉刺が出来たり靴ずれがせぬように注意しなければなりません。

발바닥이 부르트지 않게 하
balbadagi bureuteuji anke hago,
バルバタギ ブルトチアンケハコ, トゥィク

고, 뒤꿈치가 벗겨지지 않도
dwiggumchiga beosgyeojiji antorog
ムチカ ボッキョチチ アットロック チョシ

록 조심해야 합니다.
josimhaeya hamnida.
ムヘ ヤハムニダ.

24. 登　　山

登山はお好きですか？

등산 좋아하십니까?
deungsan joahasimnigga?
ドングサン チョアハシムニカ?

ええ，大変好きです。

네, 무척 좋아합니다.
nye, mucheog joahamnida.
ネ, ムチォク チォアハムニダ.

今が登山季節ですね。

지금이 등산철이지요.
jigeumi deungsancheolijiyo.
チグミ ドングサン チォリチョ.

そうです，登山は大流行で，誰も彼も登山します。

그렇습니다. 등산 붐이 일어
geureoseumnida. deungsan bumi ileo neona
グロスムニダ. ドングサン ブミ イルオノ

너나 할것없이 등산을 합니
다.

halgeoseobsi deungsaneul hamnida.
ナハルコッオッシ ドングサヌルハムニダ.

もう漢拏山へは登りましたか？

한라산에는 올라가 보셨읍니까?
hanlasaneneun olraga bosyeosseumnigga?
ハルラサネヌン オルラカ ボショッスムニカ？

いいえ，まだです。この秋はまた韓国のアルプスへ登ろうと思っています。

아니요, 아직 못올라가 봤읍니다. 이번 가을엔 한국의 알프스에 올라가 볼 생각입니다
aniyo, ajig mosolraga bwasseumnida. ibeon gaeulen hangugeui alpeuseue olraga-
bol saenggagimnida.
アニョ, アチック モッオルラカ バッスム　ニダ. イボン カウレン ハンクケ アルプス　エオルラカボル セングカギムニダ.

山登りは余り好みません。眩暈がしますから。

산에 올라가는 것은 그리 좋아하지 않습니다. 어지러워서요.
sane olaganeun geoseun geuri joahaji an-seumnida. eojireoweoseo-yo.
サネ オルラカヌンコスン グリ チョアハ　チアンスムニダ. オチロウォソ ヨ.

昨年私は雪嶽に登りましたが，途中で案内人に綱で引張って貰った始末です。

작년에 나는 설악에 올라갔다가 도중에 안내인의 로프에 끌려 갔읍니다.
jagnyeone naneun seolage olragassdaga do-junge annaeineui ropeue ggeulryeo gasseu-mnida.
チャクニョネ ナヌン ソラケ オルラ カッ　タカ トチュングエ アンネインエ ロプェ　クルリョ カッスムニダ.

案内人は一日如何程ですか？

안내인은 하루에 얼마쯤 줍니까?
annaeineun harue eolmajjeum jumnigga?
アンネイヌン ハルエ オルマ チュムチゥ　ニカ？

一日2千円位のものです。

하루 2천원 가량입니다.
haru icheonweon garyangimnida.
ハル イチォンウォン カリャングイムニダ.

登山にはピッケルや地
図，それにリュックサッ
クなど必要でしょうね。

등산에는 피켈과 지도, 그리
deungsaneneun pikelgwa jido, geurigo
ドゥンサネヌン ピケルクァ チト, グリコ
고 륙자크등이 필요하지요.
rwigjakeudeungi pilyohajiyo.
リュックチャク ドゥングイ ピルョハチョ.

ええ，殊にリュックサッ
クには種種の重要品をつ
めておくことが大切です

물론이지요. 더우기 륵자크
mulronijiyo, deougi rwigjakeuneun
ムルロンイチョ. トゥキ リュックチャクエ
에는 갖가지 중요한 물건을
gajgaji jungyohan mulgeoneul chaenggieo
ヌン カッカチ チュングヨハン ムルコヌル
챙기어 예비하는 것이 긴요
yebihaneun geosi ginyohamnida.
チェングキオ イェビハヌンコシ キンヨハ
합니다.
ムニダ.

碎氷斧はどんな時使いま
すか？

아이스액스는 어느때 씁니
까？
aisaegseuneun eoneuddae sseumnigga?
アイス エックスヌン オヌテ ツムニカ？

手掛りや足場を得るのが
むずかしい時に使いま
す。

손짚을 곳과 발디딜곳을 찾
sonjipeul gosgwa baldidil goseul chajgi
ソンチプル コックァ バルディディル コス
기 어려울 때 씁니다.
eoryeoul ddae sseumnida.
ルチャッキ オリョウルテ ツムニダ.

岩山を登る方が雪山を登
るよりむずかしいと思い
ませんか？

바위산을 올라가는 것이 눈
bawisaneul olraganeun geosi nunssain saneul
バウィサヌル オルラカヌンコシ ヌンサイ
쌓인 산을 올라가는 것보다
olraganeungeosboda eoryeobdago saenggagji
ンサヌル オルラカスンコッボダ オリョ
어렵다고 생각지 않습니까？
anseumnigga!
タコ セングカックチ アンスムニカ？

そうです．ロッククライ
ミングでは岩表が屢屢崩
れ落ちます．

맞습니다. 록클라이밍 땐 바
masseumnida. rokkeulraiming ddaen ba-
マッスュニダ. ロック**ク**ライミング **テン**
위의 표면이 잘 무너져 내립
wieui pyomyeoni jal muneojyeo naerimnida.
バウィエ ピョミョニ チ**ァ**ル ムノチ**ォ** ネ
니다.
リ**ム**ニダ.

年年吹雪や雪崩で死ぬ人
が多いのは残念です．

해마다 눈보라와 눈사태로 죽
haemada nunborawa nunsataero jugneun
ヘマタ ヌンボラワ ヌ**ン**サテロ チュ**ク**ヌン
는 사람이 많은 것은 서글픈
sarami maneungeoseun seogeulpeun ilimnida.
サラミ マヌ**ン**コス**ン** ソグ**ル****プ**ン イリ**ム**ニ
일입니다.
ダ.

高い山を征服しょうとす
る人は特別の注意が必要
です．

높은 산을 정복하려는 사람
nopeun saneul jeongbogharyeoneun sarame-
ノブ**ン** サヌ**ル** チョ**ン**グボックハリョヌ**ン**
은 특별한 주의가 필요합니
un teugbyeolhan jueuiga pilyohamnida.
サラム**ン** ト**ック**ビョルハ**ン** チュイカ ピリ
다.
ョハ**ム**ニダ.

25. 釣魚と狩猟

25. 낚시와 사냥

あなたは釣が好きです
か．

당신 낚시 좋아하십니까?
dangsin naggsi joahasimnigga?
タ**ン**グシ**ン** ナ**ック**シ チョアハシ**ム**ニ**カ**?

ええ，大好きです．

예, 대단히 좋아합니다.
ye, daedanhi joahamnida.
イェ, テタニ チョアハ**ム**ニダ.

どんな時に釣に出かけま
すか？

어떤 때 낚시를 가십니까?
eoddeonddae naggsireul gasimnigga?
オト**ッ**テ ナ**ック**シル**ル** カシ**ム**ニ**カ**?

暇の時はいつでも出かけ
ます．

여가가 생기면 언제나 갑니
yeogaga saenggimyeon eonjena gamnida.
ヨカカ セ**ング**キミ**ョン** オ**ン**チェナカ**ム**ニ

다.
ダ.

どんな魚釣りをやります
か？

무슨 낚시를 하십니까?
museun naggsireul hasimnigga?
ムスン　ナックシルル　ハシムニカ？

釣絲でやる魚釣りです。

주낚을 즐깁니다.
junaggeul jeulgimnida.
チュナグル　ズルキムニダ.

湖水や川釣りはどうです
か？

호수나 개울낚시는 어떻습니
hosuna gaeulnaggsineun eoddeoseumnigga?
ホスゥナ　ケウル　ナックシヌン　オトッスム
까?
ニカ?

そのことは余りよく知り
ませんが沖釣りは大変好
きです。

그것은 잘 모릅니다만 바다낚
geugeoseun jal moreumnidaman badanaggsi-
グコスン　チァルモルムニダマン　バタナッ
시는 퍽 좋아합니다.
neun peog joahamnida.
クシヌン　ポック　チョアハムニダ.

釣堀へは時時行かれます
か？

저수지에는 때때로 가십니
jeosujieneun ddaeddaero gasimnigga?
チォスゥチエヌン　テテロカシムニカ？
까?

ええ，よく子供と一緒に
行きます。

네, 아이들과 같이 잘 갑니
ne, aideulgwa gachi jal gamnida.
ネ, アイドルクァ　カッチ　チァルカムニダ,
다.

今は鮒の時季です。私と
一緒に行ってみません
か？

지금은 붕어 철입니다. 나와
jigeumeun bungeocheolimnida.　　nawa-
チグムン　ブングオチォリムニダ. ナワ　ハ
함께 가보시겠읍니까?
hamgge gabosigesseumnigga?
ムケ　カボシケッスムニカ？

あなたはどの辺まで釣に
行きますか？

당신은 어느쪽으로 낚시를 가
dangsineun eoneujjogeuro naggsireul gasim-
タングシヌン　オヌチョグロ　ナックシルル
십니까?
nigga?
カシムニカ？

竜仁の 松田に行きます
が，時には晋州まで行き
ます．

용인의 송전에 갑니다만 때로
yongineui songjeone gamnidaman ddaero-
ヨッグインエ ソッグチォッエ カムニダマン
는 진주까지 갑니다．
neun jinjuggaji gamnida.
テロヌッ チッチュカチ カムニダ.

大きな魚を釣ったことが
ありますか？

큰 고기를 낚아 보셨읍니까？
keun gogireul nagga bosyeosseumnigga?
クッ コギルル ナックカ ボショッスムニ
カ？

ええ，一度一尺ばかりの
鮒を釣ったことがありま
す．

예，　한번 한자 정도의 붕어
ye, hanbeon hanja jeongdoeui bungeoreul
イエ，ハッボッ ハンチァチォッグトエブ
를 낚은 적이 있읍니다．
naggeun jogi isseumnida.
ッグオルルナックグッチォギイッスムニダ.

魚釣は英国人の大層好き
な娯楽だそうですね．

낚시는 영국인이 대단히　즐
naggsineun yeonggugini daedanhi jeulgineun
ナックシヌッ ヨッグクギッイ テタニ ズル
기는 오락이라더군요．
oragiradeogunyo.
キヌッ オラギラトクッヨ.

あなたにいつかウォール
トンの釣魚大全を読んで
貰ひたいものです．

당신 언제 월튼의　낚시대전
dangsin eonje weolteuneui naggsidaejeon-
タッグシッ オッチェ ウォルトッエ ナック
을 한번 읽어 보십시오．
eul hanbeon ilgeo bosibsio
シテチォヌル ハッボッ イルコボシッッシ
オ.

———◇———

狩猟季節となりました．

사냥철이　왔읍니다．
sanyangcheoli wasseumnida.
サニヤッグチォリ ワッスムニダ.

私も間もなく猟に出かけ
ます．
あなたは相当腕がよさそ
うですね．

나도 곧 사냥이나 가렵니다．
nado god sanyangina garyeomnida.
ナトコッ サニヤッグイナ カリョムニダ.
당신은 사냥솜씨가 퍽　좋겠
dangsineun sanyangsomssiga peog jokessgun-
タッグシスッ サニヤッグソムシカ ポック

군요.
チョケックッヨ.

いいえ，名射手になるの
は容易でありません．

아니요, 명사수가 된다는게
aniyo, myeongsasuga doindaneun ge swiun
アニヨ, ミョングサスゥカ テンタヌンケス

쉬운 일이 아닙니다.
ili animnida.
ィウンイリアニムニダ.

あなたは猟犬を多数お持
ちですか？

당신 사냥개 많이 가지고 게
dangsin sanyanggae mani gajigo gyesimni-
タングシン サニャングケ マニ カチコ ケ

십니까？
gga?
シムニカ？

ええ，よい猟犬を三頭持
っています．

네, 좋은개 세마리 갖고 있
ne, joeungae semari gasgo isseumnida.
ネ, チョウンケ セマリ カッコ イッスムニ

읍니다.
ダ.

好い猟場はどこにありま
すか？

좋은 사냥터는 어디 있읍니
joeun sanyangteoneun eodi isseumnigga?
チョウン サニャングトヌン オディイッス

까？
ムニカ?

今では全国が禁猟区だか
ら済州島へ行かないと猟
場がありません．

요즘은 전국이 금렵구이므로
yojeumeun jeongugi geumyeobguimuro
ヨチュムン チォンクギ クムコックイム

제주도로 가지않으면 사냥터
jaejudoro gaji aneumyeon sanyangteoga
ロ チェチュトロ カチ アヌミョン サニャ

가 없읍니다.
eobseumnida.
ングトカ オッスムニダ.

毎年獲物が沢山御座いま
すか？

매년 많이 잡습니까？
maenyeon mani jabseumnigga?
メニョン マニ チャプスムニカ？

此の頃はそう獲物がとら
れません．

별로 많이는 못잡습니다.
byeolro manineun mosjabseumnida.
ビョルロ マニスン モッチャプスムニダ.

一日でどれ位の獲物があ りますか？	하루에 얼마나 잡습니까？ harue eolmana jabseumnigga? ハルエ オルマナ チァッスムニカ？
一日の獲物が鴨十羽に雉 五羽のことがありまし た。	하루에 오리 열마리，　꿩 다 harue ori yeolmari,　ggweong ハルエ オリ ヨルマリ，　クォング 섯마리 잡은 적이 있읍니다. daseosmari jabeunjeogi isseumnida. タソッマリ チァブンチォギ イッスムニダ.
君は何時猟銃鑑札を受け ましたか？	당신은 언제 엽총허가를 얻 dangsineun eonje yeobchongheogareul eod- タングシヌン オッチェ ヨッブチョング ホ 었어요？ eosseoyo カルルオトッソヨ？
五年前に受けました。	오년 전에 받았읍니다. onyeon jeone badesseumnida. オニョンチォネ バタッスムニダ.

V

観 光 編

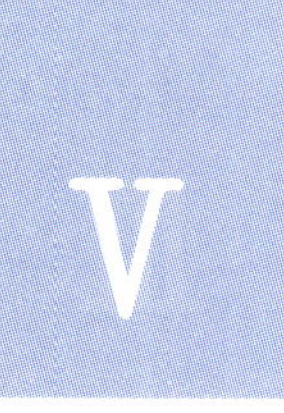

石窟庵

観　　光　　編

(gwan gwang pyeon)

クァンクァングピョン

1. 観光とガイド

観光案内所へ行く道を教えてください。

ガイド・ブックを一冊くれませんか？

定期観光バスがありますか？

遊覧バスの申し込み方法を知っていますか？

詳しいことは案内書に書いてあります。

1. 관광과 가이드

관광안내소로　가는 길을
gwangwangannaesoro　ganeun gileul
クァンクァングアンネソロ　カヌンキルルカ

가르쳐 주세요.
gareuchyeo juseyo.
ルチョ チュセヨ.

가이드북을 한권 주시지　않
gaideubugeul hangweon　jusiji　an-
カイドブグル ハンクォン チュシチ アンケ

겠읍니까？
kesseumnigga?
ッスムニカ？

정기 관광버스가 있읍니까？
jeonggi gwangwangbeoseuga isseumnigga?
チォングギ クァンクァングボスカ イッスムニカ？

관광버스의　신청방법을　알고
gwangwangbeoseuui sincheongbangbeobeul
クァンクァング ボスエ シンチォングバン

계십니까？
algo　gyeosimnigga?
グボブル アルコ ケシムニカ？

자세한 것은 안내서에　쓰여
jasehan　geoseun annaeseoe　seuyeo
チャセハン コスン アンネソエ　ツヨ

있읍니다.
isseumnida.
イッスムニダ.

入り口の壁に時刻表と料
金表が掲げてあります。

입구의 벽에　시간표와 요금
ibgueui　byeoge　siganpyowa　yogeum-
イックエ　ビョケ　シカンピョワ　ヨグ̣ピ

표가　붙어　있읍니다.
pyoga　buteo　isseumnida.
ョカ　プット　イッス̣ニダ.

Ａコースのバスは，どん
な箇所を回るのですか？

Ａ코스　버스는　어디로　돕니까
aeikoseu　beoseuneun　eodiro　domnigga?
エイコスボスヌン　オディロ　トゥニカ？

京劇を見るコースはあり
ますか？

극을　볼수　있는　코스는
geugeul　bolsu　issneun　koseuneun
ググ̣　ボルスゥ　イッヌン　コスヌン

있읍니까？
isseumnigga?
イッス̣ニカ？

この近郊の有名な古跡は
どこですか？

이　근교의　유명한　　고적
i　geunkyoeui　yumyeonghan　gojeog-
イ　グンキョエ　ユミョングハン　コチォ

은　　어딥니까？
eun　eodimnigga.
グン　オディ̣ニカ？

どんな順序で回るのが一
番早いですか？

어떻게　　도는　것이　제일　빠
eoddeoke　doneun　geosi　jeil　bba-
オトケ　トヌン　コシ　チェイ̣　バル̣

릅니까？
reumnigga?
ニカ？

（地図を示して）ここまで
の距離は何キロあるでし
ょうか？

（지도를　가리키며）　여기까지
(jidoreul gareukimyeo)　yeogiggaji
（チトル̣　カリキミョ）　ヨギカチヌ

는　몇　킬로나　되지요？
neun　myeoch kilrona　doijiyo?
ン　ミョッ　キ̣ロナ　トェチョ？

夕方までに，ここへもど
れると好都合です。

저녁때　　까지는　되돌아　올수
jeonyeogddae　ggajineun　doidola　olsu iss-
チォニョクテ　カチヌン　トェトラ　オ̣ス

있으면　좋겠는데요.
eumyeon　jokessneundeyo.
ゥ　イッスミョン　チョケッヌンテヨ.

それは疑問だがずいぶん遠いのですよ。

그것은 잘 모르지만 퍽 멀거요.
geugeoseun jal moreujiman peog meolgeoyo.
グコスン チァル モルチマン ポック モルコヨ.

道が細くなるので，バスは途中までです。

길이 좁아져서 버스는 도중까지
gili jobajyeoseo beoseuneun dojungggaji
キリ チョバチォソ ボスヌン トチュングカチ
밖에 못갑니다.
bagge mosgamnida.
バケ モッカ∡ニダ.

川に沿った景色のよい道です。

내를 따라가는 경치 좋은 길입니
naereul ddaraganeun gyeongchi joeun gilimnida.
ネルル タラカヌン キョングチ チョウン キリ∡
다.
ニダ.

ここで，しばらく休憩しましょう。

여기서 잠깐 쉽시다.
yeogiseo jamggan swibsida.
ヨギソ チァムカン スィブシダ.

ここで写真を撮ってもよいですか？

여기서 사진찍어도 됩니까？
yeogiseo sajimjjigeodo doimnigga?
ヨギソ サチンチックオト トェムニカ？

この区域は撮影禁止です。

여기는 촬영금지 구역입니다.
yeogineun chwalyeonggeumji guyeogimnida.
ヨギヌン チァルヨンググムチ クヨキムニダ.

その石像を背景にして立ってください。

그 석상을 배경으로 서 주십시
geu seogsangeul beagyeongeuro seo jusibsio.
グ ソックサングウル ベキョングウロ ソ チュシ
오.
ッブシナ.

恐れいりますが，シャッターを押してください。

죄송합니다만 셔터 좀 눌러
joisonghamnidaman syeoteo jom nulreo
チェソングハムニダマン ショト チォム ヌルロ
주십시오.
jusibsio.
チュシッブシオ.

あなたもいっしょにカメラにはいりませんか？

당신도 함께 찍지 않으시겠읍
dangsindo hamgge jigji aneusigesseumnig-
タングシント ハムケ チックチ アヌシケッスム
니까？
ga?
ニカ？

李さん，お早ようございます．ソウルを少し説明してください．

韓国の首都が正式にソウルと呼ばれるようになっ

이선생, 안녕하십니까?
iseonsaeng,　　annyeonghasimnigga!
イソンセング，アンニョングハシムニカ?

서울에 대하여 좀 설명해
seoule　　daehayeo　jom　seolmyeonghae
ソウレ　テハヨ　チョム　ソルミョングヘ

주십시오.
jusibsio.
チュシップシオ.

한국의　수도가　정식으로　서
hangugeui　sudoga　jeongsigeuro　seo-
ハンクケ　スゥトガ　チォングシクロ　ソウ

ソウル中心全景

たのは終戦直後からで
す。

ソウルという名前には何
か特別な意味でもあるん
ですか？　漢字では書か
ないようですね。

울로　불리게　된것은　해방직
ulro　bulrige　doingeoscun　haebangji-
ルロ　プルリケ　トェンコスン　ヘバング

후　부텁니다.
ghu buteobnida.
チックフ　フトゥニダ.

서울이란　이름에는　무슨　특
seouliran　ireumeneun　museun　tueg-
ソウリラン　イルメスン　ムスン　トック

별한　뜻이라도　있읍니까？
byeolhan ddeusirado　isseumnigga?
ビョルハン　トッシ　ト　イッスムニカ？

한자로는　안쓰는것　같군요.
hanjaroneun　ansseuneungeos　gatgunyo.
ハンチャロヌン　アッツスンコッ　カックン
ヨ.

別に意味があるというの
でもありません。ただ韓
国語では都をこう呼ぶの
です。

特별히　뜻이 있는건　아님
teugbyeolhi　ddeusi　issneungeon　anim-
トックビョリ　トッシ　イッヌンコン　アニム

니다. 다만 한국말로는　　왕
nida.　daman　hangugmalroneun　wan
ニダ.　タマン　ハンクックマルロヌン　ワン

이 계시는 곳을　이렇게　불
gi　gyesineun　goseul　ireoke　bul-
グイ　ケシヌン　コスル　イロケ　ブル

렀읍니다.
reosseumnida.
ロッスムニダ.

李太祖がソウルを都とす
るに至った何かのいきさ
つでもあるのですか？

이태조가 서울을 수도로　정
itaejoga　seouleul　sudoro　jeo-
イテチョカ　ソウルル　スゥトロ　チ

하게 된데는 무슨　곡절이
nghage doindeneun　museun　gogjeolira-
オングハケ テッテヌン　ムスン　コックチォ

用　語　解　説

　　太祖（李成桂）＝李氏朝鮮の始祖（在位 1392〜1398）.　幼時
から弓術に長け成長してからもその武勇を馳せた.　1392年高
麗末に忠臣鄭夢周などが除去されるや，鄭道伝等の擁立によ
り禅位の形式で王位についた.　当初は，民心の動揺をおもん
ばかって，国号をそのままにして居ったが，1393年2月15日
に正式に朝鮮と改めた.

　　風水地理説＝山川水流の様相を，人間の吉凶禍福に関聯さ
せてとく説.　これは中国をはじめ東洋人の生活に深く根ざし
てきたもので，この説の中心思想は，墳墓，お寺，住居，都
城なとを築く場合にその災禍を未然に防ぎ幸をもたらすため
に地相をもってしたところにある.　これはまた，方位を，青
竜を東に，朱雀を南に，白虎を西に，玄を北にし，構造物を
これらの形相に合せるのであるが，どの動物をおもにするか
はその場所とか，風水によって異なる.　しかし一般には構造
物を南にむけて，左青竜，右を虎にするのがふつうである.
今日でもなお，この風水説にしたがってお墓などの位置を定
める風習が一部に残っている.

라도 있읍니까?
do isseumnigga?
ルイラト イッスㇺニ**カ**?

いろいろなエピソードが
ありますが，風水地理説
の立場から見る時，山水
が秀麗な要地とみたから
でしょう．

여러가지 에피소드가 있지만,
yeoreogaji episodeuga issjiman,
ヨロカチ エ**ピ**ソド**カ** イッチマㇺ

풍수지리설로 비춰볼 때 산
pungsujiriseolro bichweobolddae san
プㇴグスゥチリソㇽロ ビ**チ**ォボㇽ **テ** サ

수가 수려한 요지로 봤던
suga suryeohan oyjiro bwassdeon
ㇴスゥカ スゥリョハㇴ ヨチロ バッㇳㇴ

까닭이겠죠.
ggadaligessjyo.
カタㇽギケッチヨ.

なるほど．そう言えば，
ソウルは東京なんかに比
べると，何か古色蒼然と
した重みがあるようです
ね．

음, 그렇군요. 그러고보니서
eum, geureokunyo. geureogoboni se
ウㇺ, グロ**ク**ㇴョ. グロコボニ ソウ

울은 동경같은 곳과
ouleun donggyeonggateun gosgwa
ㇽㇴ トㇴグ**キ**ョㇴグ**カ**ッㇳㇴ コッ**ファ**

비교해, 뭔가 고색창연한
bigyohae. mweonga gosaegchangyeonhan
ビ**キ**ョヘ, ムォㇴカ コセッ**ク チャ**ㇴグヨ

무게가 있는것 같군요.
mugega issneungeos gatgunyo.
ㇴハㇴ ムケカ イッ**ヌ**ㇴコッ **カ**ックㇴヨ.

そうですね．ではそろそ
ろでかけてみましょう
か．

그렇지요. 그럼 슬슬 나가
geureochiyo. geureom seulseul naga
グロ**チ**ヨ. グロㇺ スㇽスㇽ ナカ

볼까요.
bolggayo.
ボㇽ**カ**ヨ.

はい，わかりました．

네, 알았읍니다.
ne, alasseumnida.
ネ, アラッスㇺニダ.

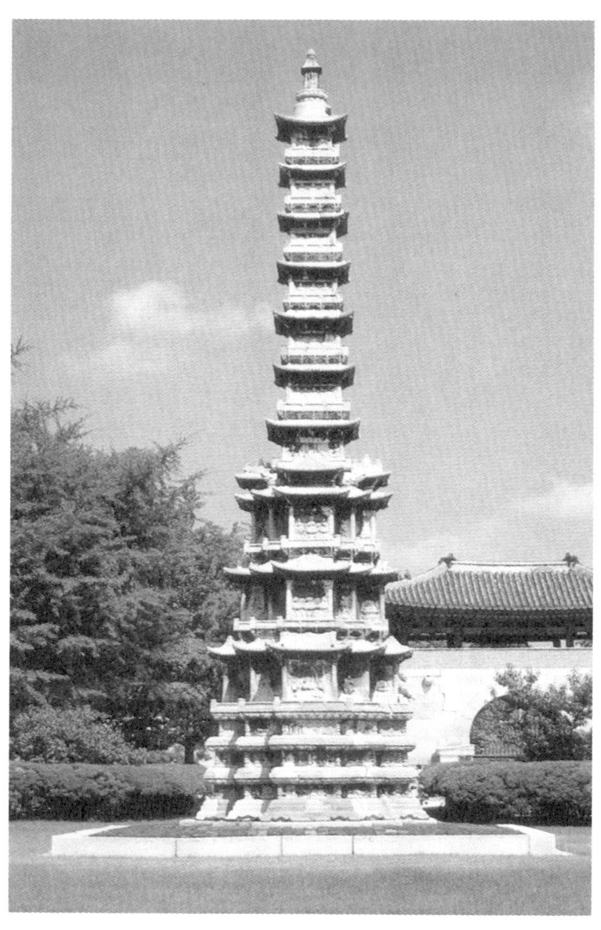

敬天寺十層石塔

まず，車で都心に位置する南山に登ってソウルの全景を見おろしましょう。

それはいい考えですね。
素晴らしい景色ですね。
あちらに見える大きな屋根は何でしょうか？

あれは有名な南大門です。李太祖（成桂）はソウルに遷都してから太祖4年（1395年）に，　18.5kmの城廓と四大門・四小門を築城しましたが，その中の一つで今は国宝第一号に指定されています。

먼저 자동차로　도심에있는
meonjeo jadongcharo　dosimeissneun
モンチォ チァトング チァロ トシメイッス

남산에　올라가 서울 전경
namsane　olraga　seoul jeongye-
ン ナムサネ　オルラカ ソウル チォン

을　내려다 봅시다．
ongeul　naeryeoda bobsida.
キョングウル ネリョタ ポップシダ．

그것　좋은　생각이군요．
geugeos joeun　saenggagigunyo.
グコッ チョウン セングカギクンョ．

굉장한　경치군요．
goingjanghan　gyeongchigunyo.
ケングチァングハン キョングチクンョ．

저쪽에 보이는 큰 지붕은
jeojjoge　boineun　keun jibungeun
チォチォケ ボイスン クン チブングウン

무엇이죠？
mueosijyo.
ムオシチョ？

저것이 유명한　남대문입
jeogeosi　yumyeonghan　namdaemunim-
チォコシ ユミョングハン ナムテムッイム

니다． 태조 이성계는　서울
nida.　taejo　iseonggyeneun　seoul
ニダ． テチョ イソングケヌ ソウル

로 천도한　다음　태조사년
ro　cheondohan daeum　taejosanyeon
ロ チォントハン タウム テチョサニョン

（1395년），　십팔　점
(ilsamguonyeon),　sibpal　jeom
（イルサックオニョン），シップパル チォム

오킬로미터의 성곽과　사대
okilromiteoui seonggwaggwa　sadae-
オキルロミトエ ソングクァククァ サテ

문・사소문을 축성했는데
mun・sasomuneu　chugseonghaessneunde
ムン・サソムスル チュクソング ヘッヌ

| 그중의　　하나로 지금은 |
| geujungeui　hanaro　jigeumeun |
| テ　グチュックエ ハナロ　チグムッ |

국보 제 1 호로 지정되고　있
gugbo jeilhoro　jijeongdoigo　iss-
クックボ チェイルホロ チチォングトェコ

지요.
jiyo.
イッチョ.

李朝五百年の宮殿は何が残っていますか？

이조 오백년의　궁전으로
ijo　obaegnyeoneui　gungjeoneuro
イチョ オベックニョネ クッグチォヌロ

무엇이　남아　있읍니까？
mueosi　nama　isseumnigga!
ムオシ　　ナマ　イッスㇺ二カ？

主に景福宮，昌徳宮，昌慶宮を李氏王朝の三大宮殿に数えます。

주로 경복궁，　　　창덕궁，
juro　gyeongboggung,　changdeoggung,
チュロ キョングボッククング，チァングト

창경궁을　　　　　이씨
changgyeonggungeul　issi
ッククング，チァングキョングクングウル

왕조의　삼대궁전이라　합니
wangjoeui　samdaegungjeonira　hamni
イシ ワングチョエ サㇺテクングチォニラ

다.
da.
ハㇺ二ダ.

景福宮は李氏王朝最初の宮殿で，　太祖 3 年 (1394年)に着工し，　翌年10月に完工されたものです。
当初は 165エイカーの敷地と 520余棟の建物があった大規模な宮殿でしたが，戦乱と中央庁建築に

경복궁은　　　　이조 최초의
gyeongboggungeun　ijo　choichoeui
キョングボッククングウン イチョチェチョ

궁전으로　태조 삼년에　착
gungjeoneuro　taejo　samnyeone　cha-
エクングチォヌロ テチョ サㇺ二ョネ チァ

공하여　다음해 시월에　완
ggonghayeo　dacumhae siweole　wan-
クコングハヨ　タウㇺヘ　シウォレ　ワン

공된　것입니다.　당초에는
gongdoin geosimnida.　dangchoeneun
コングテンコ シュㇺ二ダ. タングチョエヌ

より，宮殿の規模が大分縮小されました．現在はその4分の1の敷地と，20余棟の建物しか残って居らず，ただ昔の面影が偲べるにずぎません。

백육십오에이커의 부지와 오백이십여동의 건물이 들어선 대규모의 궁전이었으나 전란과 중앙청건축에 의해 궁전의 규모가 퍽 줄어들었읍니다. 현재는 본래의 사분의 일 정도의 부지와 이십여동의 건물밖에 안남아있고, 다만 옛모습을 엿볼수 있을 뿐입니다.

baegyugsiboeikeoeui bujiwa o-baegisibyeodongeui geonmuli deuleo-seon daegyumoeui gungjeonieosseuna jeonrangwa jungangcheonggeonchuge euihae gungjeoneui gyu-moga peog juleodeuleossdamnieu. hyeonjaeneun bonraeeui sabuneui il jeongdoeui bujiwa isibyeodongeui geonmulbagge annamaissgo, daman yesmoseubeul yeosbolsu isseul bbuni-minda.

昌徳宮はいつ建てられたんですか？

창덕궁은 언제 세워졌읍니까？

changdeoggungeun eonje seweojyeosseu-mnigga!

1404年に着工され，翌14
05年に完工した李朝五大
宮のひとつで，景福宮に
続き二番目に建築した宮
殿です．ここは1615年か
ら1910年まで李祖の王宮
として 295年間13代王が
政務を掌ったところで
す．それから昌慶宮は今
は昌慶苑と呼び,動物園,
植物園等がその中にあり
ます．

1404년　　　　　착공하여
ilsagongsanyeon　　　chaggonghayeo
イルサコングサニョン　チァクコングハヨ

다음해 1405년에　　　완공
daeumhae ilsagongonyeone　　wango-
タウムヘ　イルサコングオニョンエ ワンコ

한　　이조 5 대궁의 하나인
nghan　ijo　odaegungeui　hanain-
ングハン イチョ オテクングエ　ハナイン

데 경복궁에　　　이어 두번
de　gyeongboggunge　　ieo　dubeon
テ キョングポックングエ イオ　トゥボ

째로　지은 궁전입니다.　여
jjaero　jieun　gungjeonimnida.　yeo
ンチェロ チウン クングチョンイムニダ. ヨ

기는 1615년부터　　　1910
gineun ilyugilonyeonbuteo　　ilguilgong-
ギスン イルユックイルオニョンブ トイルグ

년까지　　　이조의　왕궁
nyeonggaji　　　ijoeui　wanggung-
イルコングニョン カチ イチョエ ワングクッ

으로 295년간　　　열세
euro　ibaeggusibonyeongan　　yeolse-
グウロ イヘックシップオニョン カン ヨ

분의 왕이 정무를　맡았던
buneui wangi　jeongmureul　matassdeon
ンセブネ ワングイ チョングムルル マッタ

곳입니다.
gosimnida.
ットン　コシュムニダ.

그리고 창경궁은
geurigo　changgyeonggungeun
グリコ　チァングキョンググングウン

지금은 창경원이라
jigeumeun changgyeongweonira
チグムン チァングキョングウォンイラ

불리며 동물원,　　식물원
bulreumyeo dongmulweon,　sigmulweon
プルリミョ トングムルウォン, シックムル

등이　　그 안에 있읍니다.
deungi　　geu ane isseumnida.
ウォンドングイ グ アネ イッスムニダ.

慶会楼

景福宮は実にすばらしい ですね。	경복궁은　　　　　참으로　훌 gyeongboggungeun　　chameuro hulry- キョンッボックンッグウン　チャムロ　フル 룽하군요. unghagunyo. リュングハグンヨ.
屋根瓦，建築，皆お気に 召したと思います。	지붕의　기와, 건축　다 마 jibungeui　giwa　geonchug,　da ma- チブッンゲエ　キワ,　コンチュク,　タ　マ 음에 드실겁니다. eume　deusilgeomnida. ウメ　ドシルコムニダ.
本朝時代のお庭を拝見さ せてくださいませんか？	이조시대의　정원을　　　　보 ijosidaeeui　　jeongweoneul　　bo- イチョシテエ　チョングウォヌル　ボ 여주시지 않겠읍니까？ yeojusiji　ankesseumnigga? ヨチュシチ　アンケッスムニカ？

では，秘苑に行きましょう．あそこは王家の庭園です．いはば休息地で，政務に疲れた王と家族が楽しく休んだところです．この秘苑の広さは61，938 坪に及ぶといわれ，山勢と地勢にしたがって適材適所にいろいろの建物がたてられています．これはまた今日の韓国建築の系譜的存在であるとか，又は韓国造景の代表的標本だとかいわれています．

그러면 비원으로 갑시다.
geureomyeon biweoneuro gabsida.
クロミョン ビウォヌロ カッシダ.

거기는 왕가의 정원입니다.
geogineun wanggaeui jeongweonimnida.
コギヌン ワングカエ チォングウォニュニ

말하자면 휴식처로 정
malhajamyeon hyusigcheoro jeong
ダ. マルハチァミョン ヒュシック チォロ

무에 시달린 왕과 그
mue sidalrin wanggwa geu
チォングムエ シタルリン ワングクァ グ

가족들이 즐겁게 쉬던 곳
gajogdeuli jeulgeobge swideon gos
カチョクドリ ズルコッケ スィドン

입니다. 이 비원의 넓이는
imnida. i biweoneui neolbineun
コシュニダ イ ビウォネ ノルビヌン

61,938평에 이
yugmanilcheongubaegsamsibpalpyeonge i-
ユックマンイルチォングベックサムシッ

른다고하며 산세와 지세에
reundagohamyeo sansewa jisee
パルピョングイラコハミョ サンセワ チセ

따라 알맞은 여러가지 건물
ddara almajeun yeoreogaji geonmuli
エタラ アルマズン ヨロカチ コンムリ

이 세워져 있읍니다. 이것은
seweojyeo isseumnida. igeoseun
セウォチォイッスュニダ. イコスン

또 오늘날 한국 건축의
ddo oneulnal hangug geonchugeui
ト オヌルナル ハンクック コンチュケ

계보적 존재라기도하고 또
gyebojeog jnojaeragidohago ddo
ケボチォク チォンチェラギトハコ ト

한 한국 조경의 대표적
han hangug jogyeongeui daepyojeog
ハン ハンクック チォキョングエ テピョチ

표본이라고도 합니다.
pyoboniragodo hamnida.
オク ピョボニラコト ハュニダ.

石造殿

<table>
<tr><td>

4. 博物館

国立博物館の建物はすばらしいですね。

あの建物の基段部の石の階段は慶州仏国寺の青雲橋と白雲橋を模倣し，上層部は韓国文化財の中でも国宝級に属する捌相殿，弥勒殿，覚皇殿を実物大になぞらえて再現したものです。

</td><td>

4. 박 물 관

국립　　　박물관의　　　건물은
gugrib　　bagmulgwaneui　geonmuleun
クングニップ　パングムルクァネ　コンムル

훌륭하군요.
hulyunghagunyo.
ンフルリュングハクンヨ.

저　건물　기단부의　　돌계단
jeo　geonmul　gidanbueui　　dolgyedan-
チョ　コンムル　キタンブエ　トルケタヌ

은　경주　　　불국사의　청운
eun　gyeongju　　bulgugsaeui　cheongun-
ン　キョングチュ　ブルクックサエ　チォン

교와　　　백운교를　　모방했
gyowa　　baegungyoreul　mobanghaess-
グウンキョワ　ベックウンキョルル　モバン

으며,　상층부는　　　한국문
eumyeo,　sangcheungbuneun　hangugmun
グヘッスミョ，サングチュングブヌン　ハン

화재　가운데　국보급에　속
hwajae　gaunde　gugbogeube　sog-
クックムンファチェ　カウンテ　クックボグ

</td></tr>
</table>

	하는 팔상전, 미륵전,
	haneun palsangjeon, mireugjeon,
	ペソックハスン バルサングヂォン, ミル
	각황전을 실물크기로
	gaghwangjeoneul silmulkeugiro
	ックチォン, カックヮングヂォスル シル
	모방해서 재현한 것입니다.
	mobanghaeseo jaehyeonhan geosimnida.
	ムルクキロ モバングヘソ チェヒョンハン
	コシュニタ.
この博物館はいつ造られたものですか？	이 박물관은 언제 지은
	i bagmulgwaneun eonje jieun
	イ バングムルクアヌン オンチェ チウンコ
	것입니까？
	geosimnigga?
	シュニカ？
最近建てました．前は徳寿宮の中の石造殿にありましたが，1972年8月25日にここに移転したわけです．	최근 지은겁니다. 전에는
	choigeun jieungeobnida. jeoneneun
	チェグン チウンコムニタ. チォネヌン
	덕수궁 안에 있는 석조전
	deogsugung ane issneun seogjojeon
	トックスウクング アネイッヌン ソックチ
	에 있었는데, 1972
	e isseossneunde, cheongubaegchilsi-
	ョチォネイッソッヌンテ, チォックベック
	년 8월25일
	binyeon palweolisiboil
	チルシッナイニョン パルウォルイシボイル
	이곳으로 이전한 겁니다.
	igoseuro ijeonhan geomnida.
	イコスロ イチォンハン コムニタ.
この石碑は大分由緒深いもののように見受けられますが？	이 비석은 퍽 유서깊은듯
	i biseogeun peog yuseogipeundeus
	イ ビソクン ポック ユソキプンドッ
	보입니다만？
	boimnidaman.
	ボイムニダマン？
月光寺円郎禅師塔碑といいまして，宝物 360号に	월광사 원랑선사
	weolgwangsa weolangseonsa
	ウォルクァングサ ウォルラングソンサ

指定されています．これ
は忠北の月光寺の跡から
1922年に移されたもので
すが，その円郎禅師とい
う人は新羅末期の高僧
で，真聖王4年（899年）
にこの碑を建てたといわ
れています。
それから，この右側の塔
は葛項寺三層の石塔であ
りまして，国宝第99号に
指定されています．もと
もとは慶北の葛項寺にあ
ったものですが，1916年
7月にここに移しまし
た．この塔身に吏読で銘
文を刻んだ新羅時代の塔
としては唯一のもので，
銘文は新羅景徳王17年（7
58年）に，零妙寺言寂法師
姉妹三人に依って建立さ
れたと刻まれています。

탑비라고해서 보물 360
tabbiragohaeso bomul sambaegyogsib-
タップビラコヘソ　ボムル　サムベックユッ

호로 지정되어 있읍니다.
horo jijeongdoieo isseumnida.
クシッッホロ チチョングトェテオイッスッ

이것은 충북　　월광사
igeoseun chungbug weolgwangsa
ニダ．イコスン　チュングブック　ウォルク

지로부터　　1922년　　옴
jiro buteo ilguiinyeon om
アングサチロブト イルクイイニョッ　オム

겨진 것입니다만, 그 원랑
gyeojin geosimnidaman, geu weolang
キョヂン コシムニダマン，グ ウォルラン

선사라는 사람은 신라말기의
seonsaraneun saraneun silamalgieui
グ ソッサラヌン サラムン シルラマルギエ

고승으로, 진성왕 4 년
goseungeuro, jinseongwangsanyeon
コスングウロ，チンソングワング サニョン

(899년)에　　　　이 비를
(palgugunyeon)e i bireul
（パルベックシックニョン） エ イビル

세웠다고 합니다.
seweossdago hamnida.
ッ セウォッタコ ハムニダ．

그리고 이 오른쪽의 탑은 갈
geurigo i oreunjjogeui tabeun gal-
グリコ　イ　オルンチョケ タブンカル

항사　　3층석탑으로　　국
hangsa samcheungseogtabeuro gug-
ハングサ サムチュングソック タブロ クッ

보 제99호로 지정되어 있읍
bo jegusibguhoro jijeongdoieo isseum-
ボチェクシックホロ チチョングトェオ

니다. 본래는 경북의　　갈
nida. bonraeneun gyeongbugeui gal
イッスムニダ．ボンレヌン キョングブケカ

항사에　　있던 것입니다만,
hangsae issdeon geosimnidaman,
ル ハングサエ イットン コシムニダマン，

1916년　　　　　　　7월　　　　이곳
ilguilyugnyeon　　　　chilweol　　igos-
イルクイルユックニョン　チルウォル　イコ

으로　옮겼읍니다. 이　탑신에
euro　omgyeosseumnida.　i　tabsine
スロ　オムキョッスㇺニダ. イ　タッシネ

이두로　비문을　새긴　신라시
iduro　bimuneul　saegin　silasi-
イトゥロ　ビムヌル　セキン　シㇽラシ

대의　탑으로서는　유일한　것
daeeui　tabeuroseoneun　yuilhan　geos
テエ　タブロソヌン　ユイㇽハン　コ

으로,　명문은　　신라　경
euro,　myeongmuneun　sila　gyeong
スロ,　ミョングムスン　シㇽラ　キョン

덕왕17년(758년)
deogwang sibchilnyeon(chilbaegosibpalnyeo-
グトックワングシップチルニョン(チルベッ
オシップペルニョン)

영묘사　　언적법사　　　자매
n yeongmyosa　eonjeogbeobsa　jamae-
ョングミョサ　オンチョクッボブサ　チァメ

세사람에　의해　세워졌다고
sesarame　euihae　seweojyeossdago
セサラメ　イヘ　セウォチォッタコ

새겨져　있읍니다.
saegyeojyeo isseumnida.
セキョチォ　イッスㇺニダ.

자, 그러면　박물관으로　들
ja,　geureomyeon bagmulgwaneuro deul-
チァ　グロミョン　バングムルクァヌロ　ド

어가 보시지요. 각　전시실에
eoga bosijiyo.　gag　jeonsisilene-
ロカボシチョ.　カック　チョンシシレ

는　고석기시대부터의　여러
un　goseoggisidaebuteoui　yereo
ヌン　コソックキシテブトエ　ョロ

가지 유물, 신라의　불상,
gaji　yumul,　silaeui　bulsang,
カチ　ユムル　シㇽラエ　ブルサング,

유명한　고려자기와 이조자
yumyeonghan goryeojagiwa　ijoja-
ユミョングハン コリョチァギワ イチョチァ

さて，それでは博物舘に
入ってみましょう．各展
示屋には古石器時代から
の遺物，新羅の仏像，有
名な高麗磁器と李朝磁器
等が時代別に，そして品
種別に区分されていま
す．なかでも国宝87号の
金冠と88号の腰帯など純
金製器は，それが1450余

年前のものとはとうてい
信じられないほどの逸品
でしょう。

日本の文化が韓国から伝
わって入ってきたことを
あわせ考えると、大体想
像できます。さて一服し
てからまた見てまわりま
しょう。

기둥이 시대별로, 그리고 종
gideungi sidaebyeolro, geurigo jong-

류별로 구분되어 있읍니
ryubyeolro gubundoeeo isseumni-

다. 그중에서도 국보 제87
da. geujungeseodo gugbo jepalsibchil-

호인 금관과 88호인
hoin geumgwangwa palsibpalhoin

요대등 순금제품들은
yodaedeung sungeumjepumdeuleun

그것이 지금으로부터 1
geugeosi jigeumeurobuteo il-

천 4 백50여년전 것이
cheonsabaegosiobyeonyeonjeon geosi-

라고는 도저히 믿을수 없을
ragoneun dojeohi mideulsu eobseul

정도이지요.
jeongdoijyo.

일본의 문화가 한국을
ilboneui munhwaga hangugeul

경유하여 전파된 것이니
gyeongyuhayeo jeonpadoin geosini

대강 짐작은 갑니다. 우선
daegang jimjageun gamnida. useon

한대 피우고 또 구경합시다.
handae piugo ddo gugyeonghabsida.

仁政殿雪景

5. ドライブ・コース

ドライブコースはどこが
よいでしょうか？

森など自然の景観を楽し
むには北岳スカイウェー
があるし，川辺の涼風を
お望みなら，江辺路をひ

5. 드라이브・코스

드라이브코스는 어디가 좋습
deuraibeukoseuneun　　eodiga　　josseum-
ドライブコスヌン　　　オディガ　チョッ

니까？
nigga?
スムニカ？

산림등　　자연의　　경관
sanrimdeung　jayeoneui　gyeonggwan-
サンリムドング　チャヨンエ　キョングクァ

을　즐기시려면　북악스카이
eul　jeulgisiryeomyeon　bugagseukai-
ヌル　ズルギシリョミョン　ブカ，スカイ

と廻りする素晴らしいコ
ースがあります。時間が
あれば統一路に沿って，
臨津閣を往復すれば，田
園の風景を一目に望めま
すし，異国の情趣を心ゆ
くばかり味わえるコース
としてお勧めします。

では，まず北岳スカイウ
エーを廻って江辺道路に
向いましょうか。心得て
おくことはないでしょう
か？

웨이가 좋고　시원한　강바
weiga　　joko　　siweonhan　gangba-
ウェイガ　チョッコ　シオンハン　カングバ

탐을 쐬려면　　강변로를
rameul ssoiryeomyeon　gangbyeonroreul-
ラムル　ソィリョミョン　カングビョンノル

따라 도는것이　멋있는　코
ddara　boneungeosi　meosissneun　ko-
ル タラ　　トヌンコシ　モッイッヌン　コ

스지요. 좀　　시간이　넉넉하
seujiyo.　jom　　sigani　neogneogha-
スチョ.　チョム　シカニ　ノックノッハ

시다면　통일로를　　따라 임
sidamyeon　tongilroreul　ddara　im-
シタミョン　トングイルロルル タラ イ

진각을　왕복하시는게　전
jingageul　wangboghasineunge　jeon-
チンカグル ワングボッタハシヌンケ チォ

원의　풍경을　　　한눈에
weoneui　punggyeongeul　hannune
ンウォネ プングキョングウル ハッヌネ

볼수있고　이국의 정취를
bolsuissgo,　　igugeui　jeongchwireul
ボルスゥイッコ, イクケ　チォングチルル

맘껏　누릴수 있어 권하고
mamggeos nurilsu　isseo　gweonhago
マムコッ　ヌリルスゥ イッソ クォンハコ

싶은 코스입니다.
sipeun　koseuimnida.
シプン コスイムニダ.

그럼, 우선　북악 스카이웨
geureom, useon　bugag　seukai-
グロム, ウソン ブカッタ スカイウェイ

이를 거쳐 강변로로　나가
weireul geochyeo gangbyeonroro　naga-
ルル コチォ カングビョンノロ ナガ

든지 합시다. 주의할것은 없
deunji habsida.　jueuihalgeoseun　eob
ドンチ ハッツシダ. チュイハルコスン オ

읍니까？
seumnigga?
ッブスムニカ？

ンウル城郭

一つ，スカイウエーでは
撮影が禁じられています
ので景色を収められない
のは残念ですが写真を撮
ってはいけません。

ほう，なぜ禁じられるん
でしょう？

スカイウエーは，環状道
路の役割と国防道路とし
ての役目をあわせている
ためいわゆる軍事道路と

して作戦上，撮影が禁じられているわけです．

을 함께 하고 있기 때문에
geul hamgge hago issgi ddaemune,
ングウル ハムケ ハコ イッキテムネ

말하자면 군사도로로서 작
malhajamyeon gunsadororoseo jag-
マルハチァミョン クンサトロロソ チァ

전상 촬영이 금지되
jeonsang chwalyeongi geumjidoi-
クチォンサング チァルヨングイ グ厶チト

는 것이지요.
neun geosijiyo.
エヌン コシチョ.

この北漢山の景観も南山に劣らぬ素晴らしさですね．ソウル市民たちは自然の恵みをたっぷり受けていますね．おっ，あそこはプールですね．

이 북한산 경치도 남산못
i bughansan gyeongchido namsanmos-
イ ブックハンサンキョング チト ナ厶サン

지 않게 정말 훌륭
ji anke jeongmal hulryung-
モッチアンケ チォングマル フルリュング

하군요. 서울 사람들은 참
hagunyo. seoul saramdeuleun cham
ハクンヨ. ソウル サラ厶ドルン チァ厶

자연의 혜택을 많이 받고 있
jayeoneui hyetaegeul mani badgo iss-
チァヨンエ ヘテグル マニ バッコイッ

어요. 아！ 저거는 수영
eoyo. a! jeogeoneun suyeong-
ソヨ. ア チォコヌン スゥヨングッ

장인 모양이지요？
jangin moyangijiyo?
チァングイン モヤングイチョ？

そうです．夏にはこのプールが市民たちに開け放されます．

그렇습니다. 여름에는 이 풀
geureosseumnida. yereumeneun i pul-
グロッス厶ニダ. ヨルメヌン イ プル

이 시민들에게 개방됩니다.
i simindeulege gaebangdoimnida.
イ シミンドレケ ケバングトェ厶ニダ.

見晴らしのよい所で少し休みましょう．

경치가 좋은 곳에서 좀
gyeongchiga joeun goseseo jom
キョングチガ チョウン コセソ チォ厶

쉬어 갑시다.
swieo gabsida.
スィオ カッシダ.

ドライブウエーの中程に食堂があります。そこでしばらく休むことにしましょう。	드라이브웨이 중간쯤에 deuraibeuwei　　　junggganjjeume ドライブウェイ　　チュングカンッチュメ 식당이　있으니 거기가서 잠- sigdangi　isseuni　geogigaseo　jam- シックタングイ イッスニ コギカソ　チャ 시 머물도록 하지요. si　meomuldorog　hajiyo. ムシ　モムルトロッグ　ハチヨ.
ウオーカーヒルは綜合観光施設としてあらゆるレジャー設備が整っているそうですがここからはいくら程の距離でしょうか？	워커힐은　종합관광 weokeohileun　jonghabgwangwang ウォコヒルン チョングハックァックァン 시설로　모든 레저 시설이 갖 siseolro　modeun rejeo siseoli　ga- グシソルロ　モドン レチョ シソリ　カッ 추어져　있다고 하던데,　여 jchueojyeo　issdago　hadeonde,　yeo チュオチョ イッタコ ハトッテ,　ヨ 기서는 거리가 얼마나　됩니 giseoneun　georiga　eolmana　doimni ギソヌン　コリガ　オルマナ　テムニ 까？ gga? カ？
都心から東に 16km の距離ですから，ここではざっと24～5kmぐらいでしょう。	도심지로부터　동쪽으로 16킬 dosimjirobuteo　dongjjogeuro sibyugkil- トシムチロブト トングチョグロ シップユ 　로니까,　여기서는　아마 ronigga,　yeogiseoneun　ama ックキルロニカ,　ヨギソヌン　アマ 이십사오킬로쯤　될겁니다. isibsaokilrojjeum　doilgeomnida. イシップサオキルロチュムトェルコムニダ.
韓国民俗舘が見たいんですが。	한국민속관을　　보고싶은 hangugminsoggwaneul　bogosipeun- ハンックミンソッククァヌル ボコシプン 데요. deyo. テヨ.

ウオーカーヒルにも民俗風の客室と食堂がありますが市内の「韓国の家」（コリアハウス）に行けば建築，室内調度，庭園，伝統的民俗楽器など韓国の伝統的生活様式を見られます。週末には韓国の古典である民俗音楽や舞踊が無料で公開されています。

워커힐에도 민속풍의 객실
weokeohiledo minsogpungeui gaegsilg-
ウォコヒレトミンソックプングエケックシ

과 식당이 있지만, 시내의
wa sigdangi issjiman, sinaeeui
ルグァ シックタングイイッチマン、シネエ

「한국의 집」(코리어 하우스)
「hangugeui jib」(korieo hauseu)e
「ハンクックエ チップ」(コリオ ハウス)エ

에 가면 건축, 실내가구, 정
gamyeon geonchug, silnaegagu, jeong-
カミョン コンチュク，シルネカク，チョ

원, 전통적 민속
weon, jeontongjeog minsog-
ングウォン，チォントングチォク ミンソッ

악기등 한국의 전통적
aggideung hangugeui jeontongjeog
クアックキドング ハンクケチォントングチ

생활양식을 볼 수
saenghwalyangsigeul bol su
ォク セングファルヤングシグル ボルスゥ

있읍니다. 주말마다 한국의
isseumnida. jumalmada hangugeui
イッスムニダ. チュマルマタ ハンクケ

고전적인 민속음악과
gojeonjeogin minsogeumaggwa
コチォンチォギン ミンソックウマックヮ

무용이 무료공개되기도 하
muyongi muryogonggaedoigido ha
ムヨングイ ムリョコングケテギト ハ

고요.
goyo.
コヨ.

板門店

6. 板門店

李さん，板門店を是非とも見たい。

外国の方に限って6時間の定期ツアーがありますから，ご覧になれます。

6. 판문점

이선생，　판문점을　　꼭 구
iseonsaeng,　panmunjeomeul　ggog gu
イソンセッグ　パンムンチォムル　コッ グ ク

경하고　싶은데요.
gyeonghago　sipeundeyo.
キョングハコ　シプッテヨ.

외국인에　한하여　여섯시
oigugine　hanhayeo　yeoseossi-
オェクギネ　ハンハヨ　ヨソッシ

간의 정기　관광이　있
ganeui jeonggi　gwangwangi　iss-
カネ　チォングギ　クァンクァングイ　イ

으니까, 구경하실수　있읍
eunigga,　gugyeonghasilsu　isseum-
ッスニカ, クキョングハシルスゥ イッスム

니다.
nida.
ニダ.

それはよかった．李さん
は行かれないのですか？

①거, 다행이군요. 이선생은
geo, dahaengigunyo. iseonsaengeun
コ, タヘンクイクンヨ. イソンセンクウン

못가시는②겁니까？
mosgasineungeomnigga?
モッカシヌンコムニカ？

内国人は特別の許可が要
ります．でもＫＴＢのガ
イドさんがありますから
ご心配には及びません．

내국인은　특별한　　허가가
naegugineun　teugbyeolhan　heogaga
ネクギヌン　トックビョルハン　ホカガ

필요합니다. 하지만 ＫＴＢ
pilyohamnida.　hajiman　keitibi
ピリョハムニダ.　ハチマン　ケイティビ

의 가이드가 있으니까, 염려
eui gaideuga　isseunigga,　yeomryeo-
エ　ガイドガ　イスッニカ,　ヨムリョ

할　것은　없읍니다.
hal　geoseun　eobseumnida.
ハル　コスン　オプスムニダ.

そうですか．まあ板門店
の予備知識でも教えてく
ださい．

그렇습니까. 어떻든 판문점
geureosseumnigga? eoddeoteun panmunjeom-
グロッスムニカ？ オトトン パンムンチォ

의 예비지식이나 설명해
eui yebijisigina　seolmyeonghae
メ　イェビチシギナ　ソルミョングへ

주십시오.
jusibsio.
チュシップシオ.

そうしましょう．お分り
の通り板門店はソウル北
方約 85km の所にある片
田舎の村落にすぎません

네, 그러지요.　　아시다시피
ne, geureojiyo.　asidasipi
ネ, グロチョ.　アシタシピ

판문점은　　서울에서　북쪽
panmunjeomeun　seouleseo　bugjjog-
パンムンチォムン　ソウルエソ ブックチョ

---

① 「거」는「그것」의 短縮形である.
② 「겁니까」는「것입니까」의 短縮形である.

でした．それが1953年7月27日，　3年間もつづいた韓国動乱が終るとともにその名が世界的に知られるようになったわけです．東西両陣営の接触点として，あるいは軍事停戦会談場としてですね．

으로 약　85km　떨
어져 있는　시골의　한　촌락
에 불과했읍니다．그러던 것
이　1953년　　7월
27일，　3년동안이나　계
속됐던　한국동란이　그
치게　되면서부터　그　이름이
일약　세계적으로　유명하게
됐지요．동서양진영의
접점으로로서，　군사정전
회담장으로　말입니다．
지금은　남북회담장등으로
이미지가　많이　달라지고

今は南北会談場などでイメージがいちじるしく変ったと聞いていますが？

---

① 「됐던」は「되었던」の短縮形である．
② 「됐지요」は「되었지요」の短縮形である．

있는것　같던데요?
issneungeos　gatdeondeyo.
イッスンコッ　カットンテヨ?

その通りです．去る1972
年8月29日南北赤十字会
談が始って以来，この板
門店は民族統一の悲願を
こめた窓口としてその面
目を新たにしています．
しかしさいきんにはっけ
んされた北韓側のぐんじ
てきなちようはつで 250
km にわたる軍事境界線
はいっそう緊張感を増し
でいるのです。

그렇습니다. 지난 1972
georeosseumnida. jinan ilguchili-
グロッスムニダ. チナン イルクチリニョ

년　8월　29일　남북
nyeon　palweol　isibguil　nambug
ンパルウォルイシックイルナムブックチィ

적십자회담이　시작되면서,
jeogsibjahoidami　sijagdoimveonseo,
ククシップチァフェタミ シチァクトェミョ

이　판문점은　민족통일
i　panmunjeomeun　minjogtongil
ンソイ パンムンチォムンミンチョクトング

의　비원을 건 창구로서　면
eui　biweoneul geon changguroseo myeon
イルエ ビウォヌル コン チャングクロ

모를 새롭게하고 있읍니다.
moreul saerobgehago　isseumnida.
ソミョンモルルセロッブケハコイッムニダ.

그러나 최근 발견된　북한
geureona choigenn balgyeondoin　bughan
グロナ チェグン バルキョントェン ブック

측의　군사적인　도발로
cheugeui　gunsajegin　dobalro
ハンチュクエクンサチォギントバルロ

250km에　달하는　군사
ibaegosibkilroe　daihar.eun　gunsa-
イベックオシックキルロエ タルハスンクン

경계선은　한층　긴장감
gyeonggyeseoneun hancheung ginjanggam-
サキョングケソスン ハンチュングキンチ

을　더해주고 있지요.
eul　deohaejugo　issjiyo.
アングカムル トヘチュコ イッチヨ.

観光バスは板門店に直行
しますか？

관광버스는　판문점까
gwangwangbeoseuneun　panmunjeomgga-
クァンクァングボススン パンムンチォム

いいえ．板門店の前約10
km の所にチェックポイ
ントがあってそこでしば
らく休むことになりまし
ょう．板門店に着いたら
軍事停戦委員会のガイド
さんが案内します．食事
はUN軍将校食堂でとり
ます．そこに行かれたら
よく見られることになり
ますが休戦会談場は，休
戦ラインの真中に位置し
ておりこのライン南側に
「自由の家」があり北側
には「板門閣」がありま
す．撮影は禁じられてい
ません．

지　직행합니까?
ji　jighaenghamnigga?
カチ　チックヘングハムニカ?

아닙니다. 판문점　앞　약
animnida.　panmunjeom　ap　yag
アニムニダ. パンムンチォム アップ ヤッ

10km지점에　　체크 포인
sibkilromiteojijeome　chekeu poin-
ッシップキルロミトチチォメ チェク ポイ

트가　있는데　거기서　잠시
teuga　issneunde　geogiseo　jamsi
ントガ　イッスンテ　コギソ　チァムシ

쉬시게　되겠지요.　판문점에
swisige　doigessjiyo.　panmujeome
スィシケ　トェケッチョ. パンムンチォメ

도착하시면　　군사정전
dochaghasimyeon　gunsajeongjeon-
トチァヮハシミョッ クンサチォングチォン

위원회의　　가이드가　안내
wiweonhoieui　gaideoga　annae
ウィウォンフェエ ガイドカ アンネ

해줍니다. 식사는　UN군장
haejumnida.　sigsaneun　yuengunjang-
ヘチュムニダ. シックサヌ ユエンクン

교식당서　　하시게　되
gyosigdangseo　hasige　doi
チァングキョシックタングソ ハシケ トェ

고요. 가시면 잘 보시게　되
goyo.　gasimyeon　jal bosige　doi-
コヨ. カシミョン チァル ボシケ トェ

겠지만 휴전회담장은
gessjiman　hyujeonhoidamjangeun
ケッチマッ ヒュチォンフェタムチァングウ

휴전라인　한가운데　설치
hyujeonrain　hangaunde　seolchi
ン ヒュチォンライン ハンカウンテ ソルチ

돼　있고, 이 라인 남쪽엔[①]
dwae　issgo,　i　rain　namjjogen
トェ　イッコ,　イ　ライン ナムチョケン

<hr>

① 「엔」は「에는」の短縮形である．

板門店

「자유의 집」이 있고 북쪽에
「jayueui jib ji   issgo   bugjjogen
「チャユエ チッ」イ イッコ ブックチョケ

는 「판문각」이 있읍니다.
eun 「panmungag ji   isseumnida.
ヌン 「パンムンガック」イ イッスㇺニダ.

사진촬영을   금지하지도
sajinchwalyeongeul   geumjihajido
サチンチャルヨングウㇽ グㇺチハチト

않고요.
ankoyo.
アンコヨ.

よくわかりました。いろ　　　잘 알았읍니다.   여러가지
いろ煩らわしてすみませ　　　jal alasseumnida.   yeoreogaji
ん。　　　　　　　　　　　チャルアラッスㇺニダ. ヨロカチ

　　　　　　　　　　　　　번거롭게하여 죄송합니다.
　　　　　　　　　　　　　beongeorobgehayeo joisonghamnida.
　　　　　　　　　　　　　ボンコロップケハヨ チェソングハㇺニダ.

釜山港

7. 釜　　山

釜山は韓国第2の都市ですね。

そうです．遠く石器時代より人間が住んでいた跡が貝塚などで証明されていますが，李朝第14代宣

7. 부　　산

부산은　한국　제이의　도시
busaneun　hangug　jeieui　dosi-
ブサヌッ　ハンクック　チェイエ　トシ

지요？
jiyo?
チョ？

그렇습니다.　멀리　석기시대
geureosseumnida.　meolri　seoggisidae-
グロッスムニダ.　モルリ　ソックキシテ

부터　사람이　살고 있은 흔적
buteo　sarami　salgo isseun heunjeog-
ブト　サラミ　サ▲コイッスッ フンチ

海雲台

祖王時（1592年）壬辰乱のため，釜山港は数十年間閉ざされましたが，李朝15代光海君時代に日本の徳川幕府と国交を再開して以来，李王朝末まで韓日関係に重要な役割を果してきました。その時以来いわゆる釜山の現代史が始まったわけです。

이　　패총　　따위로　　증명
i　　paechong　　ddawiro　jeungmyeong-
ォギ　ペチョング　タウィロ　ズングミョン

되고　있읍니다만, 이조　제14
doigo　isseunnidaman,　ijo　jesibsa-
グトェコイッスムニダマン，イチョチェシッ

대　선조왕때（1592년）
dae　seonjowangddae(iloguinyeon)
プサテ　ソンチョワングデ（イロクイニョン）

임진란으로　　부산항은　　수
imjinraneuro　　busanhangeun　　su-
イムチンナヌロ　　プサッハングウッ　スゥ

십년간　　폐지되었다가　　이
sibnyeongan　　pyeojidoieossdaga,　　i-
シップニョンガン　ペチトェオッタガ　　イ

조 제15대 광해군때　　　일본
jo jesibodae gwanghaegunddae ilbon-
チョ チェシボデ クァングハクンデ イルボ

의 도꾸가와막부와 국교를
eui doggugawamagbuwa guggyoreol
ネ トクカワマックブワ クックキョルル

재개한후 이왕조 말기까지 한
jaegaehanhu iwangjo malgiggaji ha-
チェケハンフイワングチョマルギカチハニ

일관계에 중요한　　　고장으
ilgwangyee jungyohan gojang-
ルグァンケエ チュングヨハン コチャング

로 되어 왔지요. 그때　　　부터
euro doieo wassjiyo. geuddae buteo
ウロ トェオ ワッチョ. クテ ブト

소위 부산의 현대사가　　　시작
sowi busaneui hyeondaesaga sijag-
ソウィ ブサンエ ヒョンテサカ シチャク

되는　　　셈이지요.
doineun semijiyo.
テヌン セミチョ.

区劃整理などあらゆる点
ですばらしい都市です
ね。韓国の門戸の名に恥
しくないようです。繁華
街はどこですか？

구획정리라든가　　　모든것이
guhoigjeongriradeunga modeungeosi
クフェクチォングリラドンガ モドゥンゴシ

훌륭한　　　도시군요. 한국
hulyunghan dosigunyo. hangug-
フルリュングハン トシクンヨ. ハンケ

의 대문이란 이름이　　　부끄럽
eui daemuniran ireumi buggeureob-
テムッイラン イルミ プクロッ

지 않다고 생각합니다.　　　번
ji antago saenggaghamnida. beon-
チ アッタコ センッカックハムニダ. ボン

화가는 어디죠?
hwaganeun eodijyo?
ファカヌン オディチョ?

南浦洞です。中心街であ
りまたショッピングを楽
しめます。

남포동이지요. 거기는　　　중심
nampodongijiyo. geogineun jungsim-
ナムポトングイチョ. コギヌン チュング

가이고, 또 쇼핑을　　　즐길
gaigo, ddo syopingeul jeulgil-
シュガイコ, ト ショピングウル ズルギル

수도 있읍니다.
sudo isseumnida.
スゥト イッスムニダ.

여름에 이 용두산 공원에
yeoreume i yongdusan gongweone
ヨルメ イ ヨングトゥサンコングウォ

올라와 저녁바람을 쐰
olrawa jeonyeogbarameul ssoin-
ネ オルラワ チョニョクバラムル ソィン

夏に，この竜頭山公園に
登り夕風を満喫したり，
松島にて海水浴を楽しん
だりすることは考えただ
けでも羨しい限りです。

다든지, 송도로 나가 해수
dadeunji, songdoro naga haesu-
タドンチ ソングトロ ナガ ヘスゥ

욕을 즐긴다는 것은 생
yogeul jeulgindaneun geoseun saeng-
ヨグル ズルキンタスン コスン セン

각만해도 부러운 일이군요.
gagmanhaedo bureoun iligunyo.
グカックマッヘト ブロウッ イリクンヨ.

海雲台温泉もまた置き去
りにできない所です。

해운대 온천 또한 빼놓을
haeundae oncheon ddohan bbaenoeul-
ヘウンデ オンチォン トハン ペノウル

수 없는 존재지요.
su eobneun jonjaejiyo.
スゥ オッブヌン チョンチェチヨ.

ソウルからの交通便はど
うでしょう？

서울에서의 교통편은 어
seouleseoeu gyotongpyeoneun eo-
ソウルエソエ キョトングピョヌン オ

떻습니까？
ddeosseumnigga?
トッスムニカ？

ソウルでは飛行機が時間
毎にあり，高速バス，観
光列車などが随時にあり
ます。まだ大阪よりも毎
日飛行便があり，下関か
らも毎日フェリーボート

서울에서는 비행기가 한시간
seouleseoneun bihaenggiga hansigan-
ソウルエソヌン ビヘングギガ ハンシカン

마다 있고 고속버스, 관광
mada issgo gosogbeoseu, gwangwang-
マタ イッコ コソックボス, クァンクァン

열차등 수시로 있읍니
yeolchadeung susiro isseumni-
グヨルチァドング スゥシロ イッスムニ

海雲台

がありますので直接自動車で往き来もできます。	다. 또 오오사까에서도 매일 da. ddo oosaggaeseodo maeil タ． ト オオサカエソト メイル
	비행기편이 있고, 시모노 bihaenggipyeoni issgo, simono- ビヘ ン グ キ ピョニ イッコ, シモノ
	세끼에서도 매일 페리보트가 seggieseodo maeil periiboteuga セキエソト メイル ペリボトガ
	뜨고 있으니 직접 자동차 ddeogo isseuni jigjeob jadongcha- ドコ イッスニ チックチョプ チァトングチ
	로 오갈수도 있지요. ro ogalsudo issjiyo. アロ オカルスゥト イッチョ.
この辺の名勝地はどこでしょう？	이 근처의 명승지는 i geuncheoeui myeongseungjineun イ グンチォエ ミョングスングチヌン
	어느 곳입니까？ eoneu gosimnigga? オヌ コシムニカ？

なんといっても梵魚寺を
あげねばなりますまい。
新羅時代より名高い寺で
７重の石塔が有名です。

아무래도　범어사를　꼽아야
amuraedo　beomeosareul　ggobaya
アムレト　ボモサルﾝ　コバヤ

될것 같군요.　신라시대부터
doilgeos gatgunyo.　silasidaebuteo
トェルコッカックンヨ.　シルラシテブト

이름높은 절로　칠층석탑이
ireumnopeun jeolro　chilcheungseogtabi
イルﾉプﾝ チォルロ　チルチュングソ

유명합니다.
yumyeonghamnida.
ックタビ ユミョングハムニダ.

都心からいくらほどの距
離ですか？

도심지에서　얼마나　떨어져
dosimjieseo　eolmana　ddeoleojyeo
トシﾑチエソ　オﾙマナ　トﾙオチォ

있읍니까？
isseumnigga?
イッスﾑニカ？

自動車で約50分位でしょ
うか。帰りに東萊温泉で
休み，　１日位の滞在が許
されるならゴルフも楽し
めます。

자동차로　약　오십분정
jadongcharo　yag　osibbunjeog-
チァトング チァロ ヤック オシップブンチォ

도 걸릴까요.　돌아오는　　길
do geolrilggayo.　dolaoneun　gi-
ﾝグト コルリルカヨ. トラオヌﾝ　キ

에 동래온천에서　쉬고 하
le dongraeoncheoneseo　swigo, ha-
レ トﾝグネオﾝチォネソ　スィコ ハ

루정도　더 머무를 수 있다
rujeongdo　deo meomureul su issda-
ルチォングト ド モムルルスゥ イッタ

면　골프를　즐길 수도　있
myeon golpeureul jeulgil sudo iss-
ミョン コﾙプルﾙ ズﾙキﾙスゥト イﾂ

읍니다.
eumnida.
スﾑニダ.

残念ですが次の機会にし
ましょう。

유감입니다만, 다음　기회로
yugamimnidaman,　daeum　gihoiro
ユカﾑイﾑニダマﾝ,　タウﾑ　キフﾙロ

兩班の家

仏国寺

<table>
<tr><td>

8. 慶　州

日本を発つとき，韓国観光から帰った人が慶州の仏国寺と石窟庵を見て来なかったら行かぬも同じだというのを聞きました。大体仏国寺の歴史はどの位でしょう？

</td><td>

8. 경　주

저는 일본을　떠나올때，　한
jeoneun ilboneul　ddeonaolddae,　han-
チォヌン　イルボヌル　トナオㇽテ，　ハン

국관광을　　　　　　갔던　사람
guggwangwangeul　　　gassdeon saram-
クックァングァングウル　カットン　サラ

이 경주의　　불국사와 석굴
i　gyeongjueui　　bulgugsawa seoggul-
ミ キョングヂュエ ブルクッサワ ソック

암을 안보고 왔다면　　안간
ameul anbogo　wassdamyeon　angan-
クㇽアムル アンボコ ワッタミョン アンカ

것이나 다름없다는　말을
geosina　dareumeobdaneun　maleul
ンコシナ　タルㇺオッタヌン　マルㇽ

들었읍니다. 도대체 불국사
deuleosseumnida.　dodaeche bulgugsa-
ドㇽオッスㇺニダ. トテチェ ブルクッサ

의 역사는　어느정도나 됩니
eui yeogsaneun　eoneujeongdona doimni-
エ ヨッサヌン オヌヂォンㇰトナ トェㇺ

</td></tr>
</table>

— 253 —

確かなことは，分りませんが一般に西紀751年新羅35代景徳王時に金大城という人が父母の極楽往生を願って創建したともいい，あるいはその以前法興王27年（504年）王母迎帝夫人の発願によって建てられたともいわれます。

また「寺記」によれば法興王時創建された寺がすたれて小さいため，金大城が大大的に重建したと伝われていますが，三国遺事には金大城が前世の父母をとむらって石窟庵を，現世の父母のため仏国寺を建てたと伝えていますので，とにかく金大城が建てたのに間違いはないものと見られます。

까?
gga?
ニカ？

확실히는　모릅니다만, 일반-
hwagsilhineun　moreomnidaman,　ilban-
ファクシリヌン　モルㅁニダマン、　イルバン

적으로　서기　751년
jeogeuro　seogi　chilbaegosibilnyeon
チョグロ　ソギ　チルベックオシッブイルニ

신라 제 35대　경덕
sila　je samsibodae　gyeongdeog-
ョン　シルラ　チェサムシボテ　キョングト

왕 시절에　김대성이란 사
wang sijeole　gimdaeseongiran
ックワング　シチォレ　キムテソングイラン

람이 부모의　극락왕
sarami　bumoeui　geugragwang-
サラミ　ブモエ　ググラックワングセ

생을　기원하여　창건했
saengeul giweonhayeo changgeonhaess-
ングウルキウォンハヨ　チャングコンヘッ

다고도하고,　그 이전인　법
dagodohago,　geu ijeonin　beob-
タコトハコ，　グ イチォンインボブブ

흥왕　　27년(504
heungwang　isibchilnyeon(obaegsa-
フングワング　イシップチルニョン(オベッ

년)　왕모　영제부인의　발
nyeon) wangmo yeongjebuineui bal-
クサニョン)ワングモ ヨングチェブイネバ

원에 의해　창건됐다고도
weone euihae changgeondwaessdagodo
ルウォネ イヘ チャングコントェッタコト

합니다. 또 「寺記」에는 법흥
hamnida.　ddo 「sagijeneun　beobheung-
ハㅁニダ.　ト 「サキ」エヌン ボブブフン

왕때　창건된것이　낡고
wangddae changgeondoingeosi nalgo
グワングテ チャングコットェンコシ ナル

작아　김대성이　대대적으
jaga　gimdaeseongi　daedaejeogeu-
コ チァガ キㅁテソンイ テテチォグ

로 중건했다고　　전해지고
ro junggeonhaessdago　　jeonhaejigo
ロ　チュングコンヘッタコ　チョンヘチコ

있읍니다만, 삼국유사에는
isseumnidamaman,　samgugyusaeneun
イッスムニダマン, サムグックユサエヌン

김대성이　전세부모를　위해
gimdaeseongi　jeonsebumoreul　wihae
キムテソングイ　チョンセブモルル　ウィヘ

석굴암을,　현세부모를　위
seoggulameul,　hyeonsebumoreul　wi-
ソックルアムル, ヒョンセブモルル ウィ

해　불국사를　세웠다고　전하
hae　bulgugsareul　seweossdago　jeonha-
ヘ　ブルクックサルル セウォッタコ チョン

고　있으므로　여하간　김대성
go　isseumeuro　yeohagan　gimdaeseong-
ハコ　イッスムロ　ヨハカン　キムテソング

이　세운것만은　　틀림없는
i　seungeosmaneun　　teulimeobneun-
イ　セウンコッマヌン　トルリムオムヌン

것　같습니다.
geos　gatseumnida.
コッ　カッスムニダ.

蓮花橋，　七宝橋，　青雲橋，白雲橋はどこに架けられた橋ですか？

연화교·칠보교와　청운교·
yeonhwagyo, chilbogyowa　cheongungyo,
ヨンファキョ, チルボキョワ チョングウン

　　백운교는　　　어디에　걸려
　　baegungyoneun　　eodie　　geolryeo
キョ·ベクンキョヌン オディエコルリョ

있는　다립니까？
issneun　darimnigga?
イッヌン タリムニカ？

それは橋でなく，仏国寺正面にある石段の名前です。　国宝22, 23号に指定されています。蓮花橋，七宝橋とよばれる階段は中央で左右に分れ，各段

이것은　다리　이름이　아니라,
igeoseun　dari　ireumi　anira,
イコスン　タリ　イルミ　アニラ, ブ

불국사　정면의　　　돌계단
bulgugsa　jeongmyeneui　　dolgyedan
ルクックサ チョングミョネ トルケタンイ

이름입니다. 국보 제 22,23
ireumimnida.　gugbo jeisibi·isibsam-
ルイムニダ.クックボチェイシッビイ·イ

仏国寺の夕陽

毎に蓮の花紋様が刻れて
おりこれが正面の極楽殿
に通じています。青雲
橋，白雲橋は本殿の大雄
殿に通じています。

호로　　지정되어　있읍니
horo　jijeongdoieo　isseumni-
シッブサムホロ チ チォングトェオ イッスム

다만, 연화교·칠보교라 불
daman, yeonhwagyo. chilbogyora bul-
ニ ダマン. ヨンファキョ·チルボキョラブル

리는 계단은　중앙에서
rineun gyedaneun jungangeseo
リヌン ケタヌン チュングアングエソチゥ

좌우로 구분되어 있고, 각 단
jwauro gubundoieo issgo, gag dan
ァウロ クブンドェオ イッコ. カック タン

마다 연꽃무늬가　새겨져
mada yeonggochmuneuiga saegyeojeo
マダ ヨンコッムニガ セキョチォ

있으며 이것은 정면의
isseumyeo igeoseun jeongmyeoneui
イッスミョ イコスン チォングミョネ

多宝塔，釈迦塔は右，左側に対称に建てられたそうですがなにか意味があるんですか？

仏経によれば，多宝如来と釈迦如来が同席して，一人は説法を説き，も一人はそれを証明するのを象徴しているといわれます。この塔たちも国宝20・21号に指定されていますが，中国のある詩人はこれを見て，「人工にあらず神技である」と感嘆したということです。まったく新羅文化の代表的作

극락전으로　　　통하고있고,
geugrageoneuro　　tonghagoissgo,
グッラクチォヌロ　　トングハコイッコ,

청운교·백운교는　　　　　본
cheongungyo. baegungyoneun　　bon-
チォングウンキョ・ベクンキョヌン　ボン

전인　　대웅전으로　　통하
jeonin　　daeungjeoneuro　tongha-
チォンイン　テウングチォヌロ　トングハ

고 있읍니다.
go isseumnida.
コ イッスムニダ.

다보탑·석가탑은 오른쪽 왼
dabotab. seoggatabeun　　oreunjjog oin-
タボタップ・ソックカタブン　オルンチョク

쪽으로　　대칭되게 서　있다
jjogeuro　　daechingdoige seo　issda-
ウェンチョグロ テチッットェケ ソ　イッタ

던데 거기도　무슨 뜻이 있읍
deonde geogido　museun ddeusi isseum-
トンテ　コギト ムスン　トッシ イッスム

니까?
nigga?
ニカ?

불경에　　의하면　다보여래
bulgyeonge　euihamyeon daboyeorae-
ブルキョングエ イハミョン　タボヨレ

와 석가여래가 동석하여　한
wa seoggayeoraega dongseoghayeo han-
ワ ソックカヨレガ トングソックハヨ ハン

사람은 설법을하고 한사람은
sarameun seolbeobeulhago hansarameun
サラムン　ソルボブルハコ　ハンサラムン

그것을 증명하는　　　　것
geugeoseul jeungmyeonghaneun　geo-
グコスル　チュングミョングハヌ　コス

을 상정하고　　있답니다. 이
seul sangjinghago　issdamnida.　i
ル　サンヂングハコ　イッタムニダ. イ

탑들　역시　국보　제 20,21
tabdeul　yeogsi　gugbo　je isib,isibil-
タップドルヨックシクックボチェイシッ

品といえるでしょう。なかんづく、この塔にまつわる阿斯女の伝説は万人の胸をうつことでしょう。

ある雑誌にで，韓国の石窟庵は印度のアジャンタ洞窟，中国の雲崗，竜門などとともにアジアの三大洞窟の一つであると極口称讃した文を読みましたが……。

호로　　　지정되어　있는데
horo　jijeongdoieo　issneunde
イシップイルホロ チチォングトェオイッヌ

중국의　　　어느 시인은　이
junggugeui　eoneu siineun i-
ンプデュングクケ オヌ　シイヌン　イ

것을 보고「인공이 아니라,
geoseul bogo「ingongi anira,
コスル ボコ「インコングイ アニラ,

신기」라고 감탄했답니다. 정
singijrago gamtanhaessdamnida. jeong-
シンギ」ラコ カムクッヘッタムニダ. チォ

말　신라문화의　대표적
mal silamunhwaeui daepyojeog
ングマル シルラムッファエ テピヨチォク

작품이라 말할수 있지요.
jagpumnira malhalsu issjiyo.
チァクプミラ マルハルスゥ イッチヨ.

더욱 이 탑에 얽힌 아사녀
deoug i tabe eolkin asanyeo-
トゥック イ タベ オルキン アサニョ

의 전설은　만인의　심금
eui jeonseoleun manineui simgeum-
エ チォンソルゥン マニネ シムグム

을 울립니다.
eul ulrimnida.
ル ウルリムニダ.

어느 잡지에서인가,　한국의
eoneu jabjieseoinga, hangugeui
オヌ チァプチエソインカ, ハンクックエ

석굴암은 인도의 아잔타동
seoggulameun indoeui ajantadong-
ソッククラムン イットエ アチァンタトン

굴,　중국의　운강　용
gul, junggugeui ungang yong-
ククル, チュングクケ ウンカング. ヨン

문등과　　더불어 아시아
mundeunggwa deobuleo asia-
グムンドングクァ トプルォ アシア

의 삼대 동굴사원의　하나
eui samdae donggulsaweoneui hana-
エ サムテ ドングクルサウォンネ ハナ

その通りです。その位石窟庵は有名な所で，新羅仏教の髄といわれましょう。石窟庵は新羅35代景徳王10年（751年）に宰相金大城が30余年を費して創建されたといわれ，人工石窟中最も精巧なものといわれます。緻密な科学的構造を見るとき1200年前に建てられたとはとうてい考えられません。なかんづく海抜 750m の平坦でない頂上までいかにして大きい石を運んだかを思い及ぶとき，新たに新羅人達の頭脳と驚嘆すべき努力に自然と頭がさがります。

라고 극구 칭찬한 글을
rago geuggu chingchanhan geuleul
ラコ　グック　チングチァンハン　クルル

읽었읍니다만……．
ilgeosseumnidaman…….
イルコッスムニダマッ……．

그렇습니다. 그만큼 석굴암
geureosseumnida. geumankeum seoggulam-
グロォッスムニダ. グマンクム　ソッククラ

은 유명한 것으로, 신라
eun yumyeonghan geoseuro, sila
ムン　ユミョングハン　コスロ,　シルラ

불교의 정수라할 수 있
bulgyoeui jeongsurahal su iss-
プルキョエ　チョングスウラハルスゥ イッ

겠지요. 이것은 신라 제35
gessjiyo. igeoseun sila je samsib-
ケッチョ. イコスン　シルラ　チェサムシッブオ

대 경덕왕 10년(751년)
odae gyeongdeogwang sibnyeon(chilbaego-
テキョングトックワング シップニョン（チル

에 재상 김대
sibilnyeon)e jaesang gimdae-
ベックオシップイルニョン）エチェサングキ

성이 30여년 걸려서
seongi samsibyeonyeon geolryeoseo
ムテソングイサムシップヨニョン コルリョ

창건했다고 하며 인조석굴
changgeonhaessdago hamyeo injoseoggul-
ソチァックコンヘッタコハミョ　インチ

중 가장 정교함을
jung gajang jeonggyohameul
ョソッククルチュング カチャング チォング

나타내고 있다고 합니다.
natanaego issdago hamnida.
キョハムル ナタネコ　イッタコ　ハムニダ.

정말 치밀한 과학적
jeongmal chimilhan gwahagjeog
チォングマル チミルハン　クァハクチォク

구조를 가지고 있는 것을
gujoreul gajigo issneun geoseul
クチョルル カチコ　イッヌン　コスル

살펴볼때　도저히　1,200여
salp eobolddae dojeohi cheonibaegyeo-
サルピョボルテ　トチォヒ　チォンイベックヨ

년전에　　　세운것이라고는
nyeonjeone   seungeosiragoneun
ニョンチォネ　　セウンコシラコヌン

상상도　못합니다．더욱
sangsangdo moshamnida. deoug
サングサングト　モッハムニダ．トウック

해발 750m 의　평탄
haebal chilbaegosibmiteoeui pyeongtan-
ヘバルチルベッ♂オシップミトエ ピョング

치도　못한　산꼭대기로　어떻
chido moshan sanggogdaegiro eoddeo-
タッチト モッハン サンコッ♂テキロ オト

게　그　큰　돌들을　운반했을
ke geu keun doldeuleul unbanhaesseul-
ケ　グ　クン　トルドル♪　ウンバンヘッ

까　생각하면　새삼스레
gga saenggaghamyeon saesamseure
スルカ　センッカックハミョン　セサムスレ

신라인들의　두뇌와　놀랄
silaindeuleui dunoiwa nolalman-
シルラインドレ　トゥノィワ　ノルラル

만한　노력에　저절로　머리
han noryeoge jeojeolro meori-
マンハン ノリョケ　チォチォルロ　モォリ

가 숙여집니다．
ga sugyeojimnida.
ガ スゥギョチムニダ．

　　　　　　　　동양최대의　첨성대라는
dongyangchoidaeeui cheomsengdaeraneun
トングヤング チェテエ チォムソングテラヌ

　　　　　　　　것도　있다고　하던데요？
geosdo issdago hadeondeyo.
ン　コット　イッタコ　ハトォンテヨ．

어찌　첨성대뿐이겠어요．
eojji cheomseongdaebbunigesseoyo.
オチ　チォムソングテプンイケッソヨ．

일본　나라　왕조에까지　문화를
ilbon nara wangjoeggaji munhwaruel
イルボン　ナラ　ワングチェエカチ　ムンファ

東洋最大の瞻星台という
のもあるそうですが？

瞻星台ばかりではありま
せん．日本の奈良王朝に
まで文化を伝授した新羅
千年の古都ですもの．そ

の外にも石氷庫，半月城，臨海殿趾，雁鴨池，武烈王陵，五陵，鮑石亭など数えあげればきりがありません。

전수시컸던　　신라천년
jeonsusikyeossdeon　silacheonnyeon-
ルル チォンスゥシキョットン シルラチォン

의　　고도인데요. 그 외에도
eui　　godoindeyo.　geu oiedo
ニョネ　コトイッテヨ.　グ ウェエト

석빙고,　　반월성,　　임해
seogbinggo,　banweolseong,　imhae-
ソックビングコ, バンウォルソング, イムヘ

전지,　안압지,　무열왕릉,
jeonji,　anabji,　muyeolwangreung,
チォンチ, アンアッヂ, ムヨルワングルン

오릉,　포석정등　일일이
oreung,　poseogjeongdeung ilili
グ,オルング,ポソックチョングドング イル

열거할　수　조차　없지요.
yeolgeohal　su　jocha　eobjiyo.
イリョルコハルスゥ チョチァ オッッチョ.

石窟庵までは車で登れますか。

석굴암까지는　　자동차로
seoggulamggajineun　jadongcharo
ソックラムカチヌン　チァトングチァロ

올라갈수　있읍니까？
olragalsu　isseumnigga?
オルラカルスゥ イッスムニカ？

はい，登れますが，やはり朝早く歩き登り石窟庵の前で東海の日の出を拝むのがもっとも楽しいことです。

예, 올라갈　수는　있읍니다
ye,　olragal　suneun　isseumnida-
イェ　オルラカル スゥヌン イッスムニダ

만, 역시 아침 일찍　걸어서
man, yeogsi achim iljjig　geoleoseo
マン,ヨックシ アチム イルチック コルォソ

올라가 석굴암　앞에서 동해
olraga　seoggulam　apeseo　donghae-
オルラカ ソックラム アペソ　トングヘ

의 해뜨는　것을 바라보는것
eui haeddeuneun geoseul baraboneun geo-
エ ヘトヌン　コスル バラボヌン コ

이 가장　즐거운 일입니다.
si　gajang　jeulgeoun ilimnida.
シ カチァング ズルコウン イリムニダ.

有名なエミレー鐘はどこにありますか？

유명하다는　　에밀레종은
yumyeonghadaneun　emilrejongeun
ユミョングハタヌン エミルレヂョングウン

慶州市内博物館の鐘閣にあります．この鐘は韓国でもっとも大きく，模様，音などすべてが一番をゆくものです．銅だけで50万斤を費したといわれます．

それでは，明日から慶州観光に出掛けましょう．

어디 있읍니까?
eodi isseumnigga?
オディ イッスゥニカ？

경주시내 박물관 종
gyeongjusinae bagmulgwan jong-
キョングチュシネバングムルクァンチョン

각에 있읍니다. 이 종은
gage isseumnida. i jongeun
グカケ イッスゥニダ. イ チョングウン

한국서 제일크고 모양·소
hangugseo jeilkeugo moyang, so-
ハングッソ チェイルクコ モヤング・ソ

리 모두 제일가는 종입니다.
ri modu jeilganeun jongimnida.
リモトゥチェイルカスンチョングイムニダ.

구리만 오십만근이 소요됐
guriman osibmangeuni soyodwaess-
クリマン オシップマングニ ソヨトェッ

답니다.
damnida.
タムニダ.

그럼, 내일부터는 경주관
geureom, naeilbuteoneun gyeongjugwan-
グロム, ネイルプトスン キョングチュク

광에 나섭시다.
gwange naseobsida.
ァングァングエ ナソッシダ.

アサニョの伝説

　仏国寺建立には，全国から優れた木工・石工などが集められました．　その中に新婚間もない石工（アサタル）がいたのですが，10年たっても夫は帰ってきませんでした．それで妻（アサニョ）は夫を訪ねてはるばる慶州におもむきました．しかし担当の役人は工事が完成するまでは妻子といえども面会を許してくれません．

　女は役人にすがりつきました．　ある日役人はその女

に「よいことがある．工事が完成すれば多宝塔の影が
そこの池に映るだろう」と言うのでした．それから1
年たったある日，一日池のほとりを歩く女の姿があり
ました．　その女の目に突然多宝塔の影が映ったので
す．そしてその前には愛する夫の姿がありました．
　「あ…あなた！」
　女は絶叫するとその池の中へ——
　夫がかけよりました．しかしその妻はすでに水死体
と変り果てていたというのです．この時いらい人人は
多宝塔を影塔，釈迦塔を無影塔，池を影池と呼ぶよう
になったということです．

エミルレー鐘の由来

　この鐘は新羅景福王，恵恭王二代にかけてつくられ
たが，銘文によると聖徳王の冥福を祈っている．
　この鐘にエミレーの鐘という悲しい伝説がある．大
銅鐘の鋳造は大事業であったので，多くの僧侶が全国
に寄進をすすめて歩いた．この僧を迎えたある家の信
心深い女は，貧しいから寄進する金品がなくて困って
つぎのように言った．「和尚さま，家には何もありま
せんが娘が一人おるだけです．もしあれが必要なら連
れて行ってください」．僧は感激して，その娘の名も寄
進帳にのせて行った．ところが，いよいよ鐘の鋳造に
かかったが何度も失敗して関係者が悩んだ．その時に
娘を寄進すると言った女の事を思い出した．それでそ

の時の僧が信心深い女をたずねて約束の娘をくれるよ
うにと頼んだ．「ああ，そうでしたね．仏さまの使い
の和尚さまとした約束ですから，どうぞ連れて行って
ください」． 女の人は涙を流しながら，愛する幼い娘
を僧に渡してやった．昔から名鐘をつくるには，熔鉱
炉に女の子をいけにえに入れるという迷信があった．
その通り，失敗続きの鐘がりっぱにでき上った．しか
しその鐘の音が実にうら哀しく「エミレー，エミレー」
となり響いたと言う．これは鐘の中に入れた幼児が叫
ぶ声だというのである．エミとは韓国語の母を指すや
や古い言葉「어미」または「에미」と一致する．だから
「エミレー」という響きは「おかあさん」あるいは「おか
あさんのため」と解釈された．

慶州　大陵苑

済州道

9. 済州島

済州島は豊富な自然の恵
みを受けている所と聞き
ましたがソウルでの交通
便はどうでしょう.

9. 제 주 도

제주도는 풍부한　자연의　혜
jejudoneun　　pungbuhan　jayeoneui hye-
チェチュトヌン　プングブハン　チャヨネ ヘ

택을　받고　있는　곳이라던
taegeul　badgo　issneun　gosiradeon-
テグル　　パッコ　イッヌン　コシラトン

데 서울서의　교통편은　　　어
de　seoulseoeui　gyotongpyeoneun　eo-
テ　ソウルソエ　キョトングピョヌン オ

떻습니까?
ddeoseumnigga?
トッスムニカ?

1日4回の飛行便があり
ますが，シーズンには
2,3日 前に予約をしなけ
れは乗れません。

하루에 네 차례씩 비행기편
harue necharyessig bihaenggipyeon-
ハルエ ネチャレシック ビヘングギピョニ
이 있읍니다만, 제철을 만
i isseumnidaman, jecheoleul ma-
イ イッス」ニダマン，チェチォルル マン
나면 이삼일전에 예약을
namyeon isamiljeone yeyageul
ナミョン イサ」ルチォネ イェヤグル
해 두어야 탈수 있읍니다.
hae dueoya talsu isseumnida.
ヘ トゥオヤ タルスゥ イッスェニダ.

そうですか？ 時間はど
の位かかりますか？

아, 그래요? 시간은 얼마
a, geuraeyo? siganeun eolma-
ア, グレョ? シカスン オルマ
나 걸립니까?
na geolrimnigga?
ナ コルリ」ニカ?

1時間20分ですから，退
屈するまもないでしょ
う。

1시간 20분이니까, 미처 권
hansigan isibbuninigga, micheo gweon-
ハンシカン イシッブンイニカ. ミチォク
태감을 느낄 여유도 없지요.
taegameul neuggil yeoyudo eobjiyo.
オッテカムル ヌキル ヨユト オップチョ.

人口は約40万，面積は1,
792km²だそうですね。

인구는 약 40만이고, 총
inguneun yag sasibmanigo, chong
インクヌンヤックサシッブマンイコ,チョン
면적은 1,792km²라
m,eonjeogeun cheonchilbaeggusibipyeong-
グミョン チォクンチルベックク
죠.
bangkilromiteorajyo…
シッブイピョングバングキルロミトラチョ.

よくお分りですね。昔は
石，風，女が多いという
ことで三多島とよばれ，
泥棒，乞食，門がないと

잘 아시는군요. 옛날에는
jal asineungunyo. yesnaleneun
チャル アシヌングンヨ. イェッナレヌン
돌, 바람, 여자가 많다해서
dol, baram, yeojaga mantahaeseo
トル, バラム, ヨチァガ マンタヘソ

いうことで三無島とよば
れましたが今はかなり変
りました.

삼다도라고도　불렸고,　도둑,	
samdadoragodo　bulryeossgo,　dodug,	
サムタドラゴト　ブルリョッコ　トトゥク,	

거지,　대문이　없다해서　삼무
geoji,　daemuni　eobdahaeseo　sammu-
コチ,　テムッイ　オッタヘソ　サムム

도라고도　했읍니다만,　지금
doragodo　haesseumnidaman,　jigeum-
トラコト　ヘッスムニダマン,　チグム

은　많이　달라졌지요.
eun　mani　dalrajyeossjiyo.
ン　マニ　タルシチョッヂョ.

済州島の主な観光コース
はなんでしょうか？

제주도의　대표적　　　관광
jejudoeui　daepyojeog　gwangwang-
チェチュトエ　テピョチク　クァックァン

코스는　무엇입니까？
koseuneun　mueosimnigga?
グコスヌン　ムオッイムニカ？

島を一廻りするかあるい
は済州市から西帰浦まで
貫く5・16道路づたいに島
を横断するのもよいでし
ょう.

섬을　한바퀴　돌든지,　　아니
seomeul　hanbakwi　doldeunji,　ani-
ソムル　ハンバクィ　トルドンチ　アニ

면　　제주시에서　서귀포까지
myeon　jejusieseo　seogwipoggaji
ミョン　チェチュシエソ　ソクィポカチ

뚫린　　5・16도로를　　　따라
ddulrin　o・ilyugdororeul　ddara
トゥルリン　オイルユックットロルル　タラ

섬을　횡단하는　　　것도　　한
seomeul　hoingdanhaneun　geosdo　han-
ソムル　ヘンタンハヌン　コット　ハン

방법입니다.
bangbeobimnida.
バングボビムニダ.

海女（アマ）たちの潜りも
見るに値いするそうです
ね.

해녀들의　자박질도　볼만하
haenyeodeuleui　jabagjildo　bolmanha-
ヘニョドルエ　チァバックチルト　ボルマン

다던데요.
dadeondeyo.
ハタトンデヨ.

西帰浦の海女たちが特に
有名です． この島には約
３万名以上の海女が働い
ており，彼女たちが獲る
あわびなどは日本に多く
輸出されています．

서귀포의 해녀들이 특히 유
seogwipoeui haenyeodeuli teughi yu-
ソクィポエ ヘニョドリ トックヒ ユ

명합니다. 이 섬에는
myeonghamnidaman, i seomeneun
ミョングハムニダ. イ ソメヌン

약 삼만명 이상의 해녀
yag sammanmyeong isangeui haenyeo-
ヤックサムマンミョングイサングエ ヘニョ

들이 활동하고 있으며,
deuli hwaldonghago isseumyeo,
ドリ ファルトングハコ イッスミョ,

그들이 딴 전복등은 일
geudeuli ddan jeonbogdeungeun il-
グドリ タン チォンボックドングウンイ

본에 많이 수출되고 있읍니
bone mani suchuldoigo isseumni-
ルボネ マニ スゥチュルトェコ イッスムニ

다.
da.
ダ.

済州島の風俗は本土と多
く異りますか？

제주도 풍속은 본토와 많
jejudo pungsogeun bontowa mani
チェチュト プングソグン ボットワ マ

이 다릅니까？
dareumnigga?
ニ タルムニカ？

そうです． 風俗だけでな
く言語，景色なども本土
と比べかなり違います．
本土のひとが行っても異
国的な感じを受けるほど
ですもの． 美しい海岸線
伝いに西へ西帰浦まで行
く間にあるいろいろの瀑
布は言葉でいいつくされ
ない程です．

그렇습니다. 풍속뿐아니라,
geureosseumnida. pungsogbbunanira,
グロッスムニダ. プングソック プンアニラ,

언어나 경치등도 본토와
eoneona gyeongchideungdo bontowa
オンオナ キョングチドゥントゥ ボットワ

비교해서 상당히 다릅니
bigyohaeseo sangdanghi dareumni-
ビキョヘソォ サングタングヒ タルムニ

다. 본토 사람이 가봐도 이
da. bonto sarami gabwado i-
ダ. ボット サラミ カバト イ

국적인 즐거움을 느낄
gugjeogin jeulgeoumeul neuggil-
クックチォギン ズルコウムル ヌキル

정도이니까요. 정말　　아름
jeongdoiniggayo.　jeongmal　areum-
チョングトイニ**カ**ヨ. チョング**マ**ル アルム

다운 해안선을　따라 서쪽으
daun　haeanseoneul　ddara　seojjogeu-
タウン ヘアンソヌル **タ**ラ ソチョグ

로 서귀포까지　가는데　있는
ro　seogwipoggaji　ganeunde　issneun
ロ ソクィポカチ カヌンテ イッヌン

여러가지 폭포는　말로 표현
yeoreogaji　pogponeun　malro pyohyeon
ヨロカチ **ポッ**クポヌン マルロ **ピョ**ヒ

할　수　　없을 정도로　　훌
hal　su　eobseul　jeongdoro　hul-
ヨンハルスゥ オップスル チョングトロフ

룽합니다.
ryunghamnida.
ルリュングハムニダ.

대표적인　　　폭포는　어느 것
daepyojeogin　pogponeun　eoneu geos-
テ**ピョ**チョギン **ポッ**クポヌン オヌ　コ

이죠?
ijyo?
シチョ?

제주시　가까이 있는　　용연
jejusi　gaggai　issneun　yongyeon-
チェチュシ カカイ イッヌン ヨングヨン

과　　서귀포의　천지연폭포,
gwa　seogwipoeui　cheonjiyeonpogpo,
ク**ァ** ソクィポエ チォンチヨン**ポッ**クポ,

천제연등이죠.　　　그중에도
cheonjeyeondeungijyo.　geujungedo
ヂォンチェヨンドングイチョ. クチュングエ

천제연은　　　옛날에　하늘
cheonjeyeoneun　yesnale　haneul-
ト **チ**ォンチェヨヌン イェッナルエ ハヌル

나라 옥황상제가　　　선녀
nara　oghwangsangjega　seonnyeo-
ナラ オックファングサングチェカ ソンニ**ョ**

들과　함께 내려와 목욕을
deulgwa　hamgge naeryeowa　mogyogeul
ドルク**ァ** ハムケ ネリョワ モ**キョ**グル

主な瀑布はどこでしょ
う？

済州市近くにある竜淵と
西帰浦の天池淵，天帝淵
などです。なかでも天帝
淵は昔天国の玉皇上帝が
仙女たちと共に降って水
浴をしたことから天帝淵
とよばれますが三段から
なるこの瀑布の深さは約
21mです。瀑布と海の間
であゆが獲れますので釣
り師たちが群ります。

했다해서 천제연이라 부르는
haessdahaeseo cheonjyeonira bureuneun
ヘッタヘソ　チョンチェヨンイラ　ブルヌン

데 삼단계로 이루어진 이 폭
de samdangyero irueojin i pog-
テ　サムタンケロ　イルオチン　イポック

포의 깊이는 약 21m로
poeui gipineun yag isibilmiteoro
ポエ　キピヌン　ヤックイシッブイルミトロ

폭포와 바다 사이에서 은어
pogpowa bada saieseo euneo-
ポックポワ　バタ　サイエソ　ウンオ

가 잡히어 낚시꾼들이 모
ga japhieo naggsiggundeuli mo-
ガ　チャピオ　ナックシクンドリ　モ

여들기도 합니다.
yeodeulgido hamnida.
ヨドルギトハムニダ.

植物の分布も山の高さに
よりはっきり異なるそう
ですね.

식물분포도 산높이에 따라
sigmulbunpodo sannopie ddara
シックムルブンポト サンノピエ タラ

명확히 다르다더군요.
myeonghwaghi dareudadeogunyo.
ミョングファクヒ タルタトクンヨ.

いうなれば, 島全体が観
光の一大パノラマを成し
ているわけです.

한말로 섬전체가 관광
hanmalro seomjeonchega gwangwang-
ハンマルロ ソォムチォンチェカ クァンク

의 일대 파노라마를 이루고
eui ildae panoramareul irugo
フングエ イルテパノラマルル イルコ

있는 셈이지요.
issneun semijiyo.
イッヌン セミチョ.

標高1,952m の漢挙山を
中心に四季四節を咲き散
る花は東洋第一の自然植
物園と呼ばれるほどで
す. 150科1,700余種の植
物が育ち541種の昆虫類

표고 1,952m의 한
pyogo cheongubaegosibimiteoeui ha-
ピョコ チォンツベックオシッブイミトエハ

라산을 중심으로 사시사철
lasaneul jungsimeuro sasisacheol
ルラサヌル チュンッシムロ サシサチォル

피고 지는 꽃들은 동양 제일
pigo jineun ggochdeuleun dongyang jeil-
ピコチヌン コッドルン トングヤングチェ

が棲み130種の鳥類が飛び交っていますので狩猟場としても東洋屈指の場でしょう。

聞くだけでも胸のふくらむ思いです。来年の夏には家族と共にぜひ済州島を訪れ海水浴とゴルフも楽しみながら新鮮な魚をたくさん食べてみるつもりです。

의　　　자연식물원이라　　불-
eui　　jayeonsigmulweonira　　bul-
イレ　チャヨンシックムルウォンイラブルリ

렬정도로서, 150과의　　　천1,
ril　jeongdoroseo, baegosibgwaeui　cheon-
ルチォントロソ, ベックオシッククァエ　チ

700여종의　　　식물이　자라-
chilbaegyeojongeui　　sigmuli　jara-
ォンテルベックヨチョングエシックムリチ

고있고, 541종의
goissgo, obaegsasibiljongeui
ァラコイッコ,オベックサシップイルチョン

곤충류가　　　서식하고 있으-
gonchungryuga　　seosighago isseu-
グエコッチュングリュカソシックハコイッ

며, 130종의　　　　　조류들-
myeo, baegsamsibjongeui　　joryudeul-
スミョ,ベックサムシッブチョングエチョリ

이 날고 있어　수렵장으로도
i　nalgo isseo　suryeobjangeurodo
ユドリナルコ イッソ スゥリョブチァング

　　또한 동양에서　　　꼽-
　ddohan dongyangeseo　　ggob-
ウロト トハン トングヤングエソ　コップ

히고 있지 않아요.
higo　issji　anayo.
ヒコ　イッチアナョ.

말만 들어도 가슴이 벅차 오-
malman deuleodo gaseumi beogcha o-
マルマンドルォト カスミ ボォクチァオ

는군요.　내년　여름에는
reuneungunyo. naenyeon yeoreumeneun
ルヌックンヨ. ネニョン ヨルメヌン

가족과　함께 꼭 제주도를
gajoggwa　hamgge ggog jejudoreul
カチョックァ ハムケコックチェチュトルル

찾아 해수욕도하고 골프도
chaja　haesuyogdohago golpeudo
チャヂァ ハスゥヨックトハコ ゴルブト

즐기며 싱싱한　　생선-
jeulgimyeo singsinghan　saengseon-
ズルギミョ シングシングハン セングソン

많이 먹어볼까 합니다.
mani meogeobolgga hamnida.
マニ モコボル_ルカ ハ_ムニダ.

ぜひ訪れるようお待ちします。

부디 그렇게 되시기를 바라
budi geureoke doisigireul bara-
プディ グロケ トェシキル_ル バラ

겠읍니다.
gesseumnida.
ケッス_ムニダ.

附　　録

水原華城

アリ　リ　ラング　ア　リ　ラング　ア　ラ　ー　リー　ヨ　ー　ー

ア　リ　ラング　コ　ゲ　ー　ロ　ー　ノ　モ　カン　ダ

ナ　ー　ルル　ボ　リ　ゴ　カ　ヌ　ン　ニ　ー　ム　ー　ン
ノル　ー　ダ　カ　ー　ソ　ノル　ダ　ー　カ　ー　ソ　ー　ー
ア　リ　ラング　コ　ゲ　ヌン　ヌン　ム　ル　ゴ　ー　ゲ　ー　ー

シム　ニ　ド　モッ　カ　ー　ソ　ー　ハル　ビョングナン　ダ　ソ　ー　ー
イ　バ　ミ　セ　ト　ー　ロク　ー　ノル　ダ　ー　カ　ダ　ソ　ネ　ー
チョン　ドゥ　ニム　ボ　ゴ　シ　ボ　ソ　ナ　ヨ　ギ　ワン　ネ　ー

ボン　ソン　ファ

ウル　ミッテ　ソン　ー　ボンソンファ　ヤ　ー　ネ　モ　ヤン　イ　ー　チョリヤングハ　ダ　ー　キル　コ　キン

ナル　ー　ヨ　ルム　チョ　レ　ー　アル　ムタッ　ケ　ー　ゴッ　ビル　チョ　ゲ　ー　オ　ヨブ

シン　ー　ア　ガ　シ　トん　ー　ノル　バン　キョ　ー　ノ　ラット　ダ　ー

トラジ

トラジ トラジ トーーラージ シムシム

サンチォネー ベクトラジ ハンドゥー ブリマン

ケーーヨード ネークヮングジュリ チォル チォル チォル

タ ノム ヌン ダ エーヘーヤ エーヘーヤ

エヘイ ヤー エヤ ランダ チファジァ ジァ

チョー タ ネガネガンジャンダ スリサンサル タ ギン タ

문 예 림 도 서 목 록

도 서 명		정 가
영어		
1	지구촌 영어 첫걸음	B	9,000
2	영어회화 고민 이제 끝냅시다! (1)	B	9,000
3	영어회화 고민 이제 끝냅시다! (2)	B	8,000
4	영어회화 고민 이제 끝냅시다! (1)	B+T	24,000
5	영어회화 고민 이제 끝냅시다! (2)	B+T	18,000
6	아낌없이 주는 영어	B	8,500
7	톡톡튀는 신세대 영어 표현	B+T	11,000
8	입에 술술 붙는 영단어	B	9,500
9	헷갈리는 영어 잡아먹기	B	10,000
10	말장난으로 하는 영단어 DDR	B	9,000
11	Harvard Vocabulary	B+T	17,000
12	일석오조(수험 영단어)	B	13,000
13	다모아 답에타(영어 속담집)	B	12,000
14	패턴의 원리는 알면 영어가 보인다	B+T	13,000
15	미국 영어 회화	B+T	13,000
16	미국 영어가 보인다	B+T	11,000
17	이것이 토종 미국 영어다(일간스포츠연재)	B+T	13,000
18	영작문 패턴으로 따라잡기	B+T	18,000
19	영작문 패턴으로 따라잡기 (개정판)	B	23,000
20	영문 편지 쓰는 법	B	8,000
21	Toefl Writing Master class	B	9,000
22	사진을 읽으면 영어가 보인다	B	9,500
23	Real Reading(영자신문읽기)	B	11,000

24	영어 커뮤니케이션 가이드	B	12,000
25	쉬운 영어, 쉬운 일본어 "청춘"	B	9,500
26	쉬운 영어, 쉬운 일본어 "정열"	B	9,500
27	쉬운 영어, 쉬운 일본어 "도약"	B	9,500
28	우리아이 영어와 재미있게 놀기	B+T	13,000
29	영어 교사를 위한 영어학	B	8,000
30	세계적 · 기념비적 영어 명문 30선	B+T	17,000
31	한방에 끝내는 영어	B+CD	19,500
32	1000만인 관광 영어 회화	B	7,000
33	여행자를 위한 영어 회화	B	6,500
34	여행자를 위한 지구촌 영어 회화	B	8,000
35	간편한 여행 영어 회화	B	4,500

일본어

1	4주완성 독학 일본어 첫걸음	B	7,000
2	지구촌 일본어 첫걸음	B	7,000
3	한글만 알면 꿩먹고 알먹는 일본어 첫걸음	B+T	9,800
4	첫눈에 반한 일본어 회화 첫걸음	B+T	10,800
5	알기쉽게 설명한 김영진 일본어 문법 핵심 정리	B+T	12,000
6	일본어 능력시험 문자어휘 핵심정리 – 2급	B+CD	18,500
7	일본어 능력시험 한자 읽기 총정리 – 1급	B+CD	13,500
8	일본어 능력시험 한자 읽기 총정리 – 2급	B+CD	13,500
9	일본어 능력시험 한자 읽기 총정리 – 3 ·4급	B+CD	11,000
10	노래로 배우는 일본어 Ⅰ	B+CD	13,000
11	노래로 배우는 일본어 Ⅱ	B+CD	13,800
12	배낭 일본어	B	7,500
13	미즈노교수의 일본어 급소찌르기	B	9,000
14	실용 일본어 회화	B	5,000
15	1000만인 관광 일본어 회화	B	6,000

16	여행자를 위한 일본어 회화	B	6,000
17	김영진과 함께 떠나는 여행 일본어 회화	B	6,000
18	김영진과 함께 떠나는 여행 일본어 회화	B+T	7,500
19	일본어 단어장	B	7,000
20	편리한 회화 수첩(일 · 한/한 · 일)	B	8,000
22	일본여행 110(문장, 단어)	B	7,000
23	쉽게 배우는 일본어 일기	B	8,500
24	YES or NO(일 · 한대역)	B	8,500

중국어

1	4주완성 독학 중국어 첫걸음	B	8,000
2	한글만 알면 꿩먹고 알먹는 중국어 첫걸음	B+CD	9,800
3	한방에 끝내는 중국어 한자 첫걸음		
4	1000만인의 관광 중국어 회화	B	6,000
5	실용 중국어 회화	B	6,000
6	여행자를 위한 중국어 회화	B	6,500
7	여행필수 중국어 회화	B	7,000
8	영어대조 중국어 회화	B	6,000
9	최신 중국어법 노트	B	12,000
10	중국여행 단어장 (여행 120)	B	7,000
11	중국어 편지 쓰기	B	8,500
12	수능 한자 읽기	B	

프랑스어

1	4주완성 독학 프랑스어 첫걸음	B	7,500
2	꿩먹고 알먹는 프랑스어 첫걸음	B	근간
3	노래로 배우는 프랑스어	B+T	9,50
4	리듬 테마로 배우는 프랑스어	B+T	11,000
5	샹송으로 배우는 프랑스어	B+T	12,000
6	성경으로 배우는 프랑스어	B	12,000

7	성경으로 배우는 프랑스어	B+T	18,000
8	1000만인 관광 프랑스어 회화	B	7,000
9	여행필수 프랑스어 회화	B	7,000
10	영어대조 프랑스어 회화	B	7,000
11	영어대조 프랑스어 회화	B+T	20,000
12	프랑스어 편지 쓰기	B	8,000

스페인어

1	4주완성 독학 스페인어 첫걸음	B	8,000
2	꿩먹고 알먹는 스페인어 첫걸음	B	〈근간〉
3	교양 스페인어	B	13,500
4	노래로 배우는 스페인어	B+T	9,500
5	실용 서반어 회화	B	5,000
6	여행필수 스페인어 회화	B	7,000
7	영어대조 스페인어 회화	B	7,000
8	영어대조 스페인어 회화	B+T	20,000

독일어

1	지구촌 독일어 첫걸음	B	7,500
2	최신 독일어	B	16,000
3	독일어 문법과 연습	B	12,000
4	대학생을 위한 활용 독일어 I (개정판)	B+T	18,000
5	대학생을 위한 활용 독일어 II	B+T	17,000
6	최신 독일어 회화	B+CD	15,000
7	노래로 배우는 독일어	B+T	11,00
8	PNdS 독해평가	B	6,500
9	PNdS 청취평가 구두시험	B	6,500
10	PNdS 핵심 독문법	B	6,500
11	배낭 독일어	B	7,500
12	수능 독일어	B	9,500

13	성경으로 배우는 독일어	B	12,000
14	성경으로 배우는 독일어	B+T	18,000
15	실용 독일어 회화	B	4,500
16	여행필수 독일어 회화	B	6,000
17	영어대조 독일어 회화	B	6,000
18	영어대조 독일어 회화	B+T	20,000
19	독일어 무역 통신문	B	10,000
20	최신 독문 편지 쓰기와 구문론	B	8,000
21	독일어 편지 쓰기	B	8,000

이탈리아어

1	지구촌 이태리어 첫걸음	B	10,000
2	지구촌 이태리어 첫걸음	B+T	15,000
6	노래로 배우는 이탈리아어	B+T	13,500
3	여행필수 이탈리아어 회화	B	6,500
4	영어대조 이탈리아어 회화	B	6,000
5	영어대조 이탈리아어 회화	B+T	20,000
7	쉽게 배우는 이탈리아어 Ⅰ	B	15,000
8	쉽게 배우는 이탈리아어 Ⅱ	B	15,000

러시아어

1	4주완성 독학 러시아어 첫걸음	B	8,000
2	한국인을 위한 러시아어 첫걸음	B	8,500
3	한국인을 위한 러시아어 첫걸음	B+T	25,000
4	꿩먹고 알먹는 러시아어 첫걸음	B+CD	11,000
5	표준 러시아어	B	12,000
6	표준 러시아어 회화	B	8,000
7	최신 러시아어 문법	B	25,000
8	노브이 러시아어	B	25,000
9	일화로 배우는 러시아어	B	10,000

10	노래로 배우는 러시아어	B+CD	14,500
11	여행필수 러시아어 회화	B	6,000
12	영어대조 러시아어 회화	B	7,000
13	러시아어 펜맨십 강좌	B	6,500
14	형제(스크린 러시아어)	B+V	22,000

기타외국어

1	실용 아랍어 회화	B	5,000
2	여행필수 베트남어 회화	B	6,500
3	여행필수 베트남어 회화	B+T	20,000
4	여행필수 태국어 회화	B	6,000
5	여행필수 태국어 회화	B+T	20,000
6	여행필수 말레이·인도네시아어 회화	B	5,500
7	여행필수 말레이·인도네시아어 회화	B+T	14,000
8	여행필수 포르투갈어 회화	B	6,000
9	여행필수 네덜란드어 회화	B	6,500
10	여행필수 터키어 회화	B	7,000
11	여행필수 이란어 회화	B	7,000
12	여행필수 브라질·포르투갈어 회화	B	6,000
13	여행필수 폴란드어 회화	B	7,000
14	여행필수 크로아티아어 회화	B	6,500
15	여행필수 루마니아어 회화	B	6,500
16	여행필수 스웨덴어 회화	B	6,000
17	여행필수 미얀마어 회화	B	7,000
18	여행필수 힌디어 회화	B	6,000
19	여행필수 몽골어 회화	B	7,000
20	여행필수 캄보디아어 회화	B	7,000
21	여행필수 체코어 회화	B	7,000
22	배낭 유럽어	B	7,500